1 week end

POUR

iMAXIMISER & DÉPANNER

Votre iMac

DANS LA MÊME COLLECTION:

- Excel 2000
- Word 2000
- Access 2000
- Windows 98
- Word 97
- Internet
- A l'oeil sur Internet
- Le PC au tout début
- Monter votre PC
- La gravure de vos CD
- Linux
- L'image et le graphisme
- La Typographie

TRADUIT DE L'ANGLAIS
ET
ADAPTÉ PAR
PATRICK FABRE

1 week end

POUR
iMAXIMISER
&
DÉPANNER

Votre iMac

ANDREW GORE, JILL BAIRD, CHRIS BREEN

OSMAN EYROLLES MULTIMEDIA

OEM

OSMAN EYROLLES MULTIMEDIA
1, RUE THÉNARD
75005 PARIS
Télécopie : 01 44 41 11 85

http://www.eyrolles.com

THIS EDITION PUBLISHED BY ARRANGEMENT WITH THE ORIGINAL PUBLISHER, IDG BOOKS WORLDWIDE, INC
FOSTER CITY, CALIFORNIA

ISBN 2-7464-0023-5

Table des matières

Partie 1

Même les iMac ont le blues

Chapitre 1 - Problèmes matériels 13

Chapitre 2 - Problèmes Logiciels 39

Introduction

Jusque-là, tout allait bien. Rien n'est plus simple que de brancher un iMac, rien n'est plus simple que de s'en servir. Joliment habillé, dans ses couleurs pimpantes, le iMac vous a rendu le sourire; il a ensoleillé de sa douce lumière vos soirées informatiques. Seulement voilà, même le iMac a le blues. Il fait ses caprices. Vous appuyez sur le bouton, et la mignonne petite bête ne veut rien savoir. Vous le carressez une ou deux fois, histoire de le mettre dans de bonnes dispositions, mais rien à faire. Vous vous agitez un peu. Vous appuyez encore. Il ne veut rien savoir. Agacé, vous vous lancez dans de grands sermons et vous lui dites que son attitude est digne d'un PC, que ce n'est pas des façons; bref, vous lui faites la morale. Mais il n'écoute pas; il bloque, il plante, il crashe, il gèle : mille façons de n'en faire qu'à sa tête.

Avant de faire une bêtise, alors que le rouleau à patisserie s'est déjà glissé dans votre main gauche, vous avez eu la bonne idée d'acheter ce livre. Vous engagez les voies de la diplomatie, et c'est tout à votre honneur. Ce livre vous propose en effet toutes les solutions pour établir un dialogue fructueux avec votre iMac qui fait la sourde oreille. Il vous indique comment parer aux pannes, comment diagnostiquer le petit animal malade et lui rendre sa première santé. Ce sera l'objet de la première partie de ce livre, qui traite des pannes matérielles et des pannes logicielles.

Mais la cure de bonne jouvence ne s'arrête pas là. La deuxième partie sera ainsi consacrée à redynamiser votre iMac. Vous y apprendrez comment démonter votre iMac pour ajouter de la RAM, de la VRAM ou même pour changer le disque dur. La chirurgie plastique ou les opérations de greffe sur le iMac n'auront dès lors plus de secret pour vous.

Enfin la troisième partie sera consacrée aux sites Web. Des icônes pour égayer votre bureau aux listes de discussion, en passant pas des gadgets inventés par les fanas du iMac, vous trouverez tout ce qu'il vous faut en quelques clics de souris.

Aussi sans plus attendre, rendez à votre iMac adoré son sourire d'antan, en picorant où bon vous semble dans les pages de ce livre. Bonne lecture!

Partie 1

MÊME LES IMAC ONT LE BLUES

Chapitre 1

PROBLÈMES MATÉRIELS

Termes et Abréviations

Crash — C'est ce qui se passe lorsqu'un programme refuse de fonctionner ou se termine d'une manière inattendue. Les crashes sont parfois accompagnés par l'apparition de boîtes de dialogue signalant l'erreur. Ces boîtes de dialogue contiennent des codes à la signification obscure tels que -127, et ne sont la plupart du temps d'absolument aucune utilité pour l'utilisateur.

Crasse — Toute accumulation désagréable de poussière, saleté, huile ou cochonnerie de ce genre.

Gelé — Lorsque votre iMac ne répond plus à aucune action sur la souris ou le clavier (synonyme de bloqué).

Initialiser — Pour que le disque dur du Mac puisse recevoir des données, le support magnétique de ses différentes faces doit être formaté en pistes et secteurs que Mac OS saura reconnaître. Ce processus s'appelle l'initialisation du disque.

PRAM — Parameter RAM, à prononcer Pé-RAM. C'est la zone mémoire du iMac où sont rangés les paramètres de configuration.

Même si le logiciel est à l'origine de la majorité des disfonctionnements du iMac (et c'est ce dont nous parlerons justement au chapitre suivant), le matériel peut lui aussi avoir une part de responsabilité en cas de mauvais fonctionnement. Les questions qui vont suivre, et les réponses qui y sont apportées, devraient vous aider à déterminer si la maladie a une origine matérielle ou logicielle, et vous mettre sur le chemin de la convalescence.

1.1. Je ne peux pas démarrer

Il y a peu de choses plus perturbantes que d'appuyer sur le bouton du iMac et de constater qu'il ne se passe rien. Voici quelques pistes pour porter remède à un iMac qui fait le mort.

1.1.1. Mon iMac ne veut pas démarrer ! J'appuie sur le bouton de mise en marche, et rien ne se produit !

Malgré notre peur de ressembler à ces réparateurs de matériel électro-ménager, il nous faut bien vous demander : “ est-il branché ? ”. Vous n'imaginez pas combien de fois nous nous sommes aperçus que l'un des ordinateurs familiaux, l'imprimante ou un autre machin-chose refusait de s'éveiller pour la simple raison que le câble électrique était décroché au dos du machin-chose en question, ou bien que la fiche était mal branchée dans la prise électrique, ou bien (et c'est très courant) que l'interrupteur avait été éteint sur la rallonge à prises multiples où l'on avait branché le dit machin-chose, ou que la rallonge elle-même était débranchée. Vérifiez toutes les connexions électriques. Si un interrupteur contrôle la prise électrique sur laquelle est branché votre iMac, assurez vous que l'interrupteur est fermé.

1.1.2. Bon, j'ai vérifié les connexions électriques, et il ne s'allume toujours pas. Alors quoi ?

Commencez par actionner le bouton de démarrage sur la face avant du iMac, plutôt que celui du clavier. Si le iMac s'allume correctement, c'est probablement que le câble qui relie votre clavier au iMac s'est détaché. Dans ce cas, rebranchez-le correctement dans le port USB.

1.1.3. J'ai fait tout ce que vous avez indiqué, et ça ne démarre toujours pas. D'autres suggestions ?

S'il y a de l'électricité et si toutes les connexions paraissent bonnes, alors il se peut que le problème soit très sérieux, et que votre petit copain ait besoin des bons soins d'un revendeur agréé Apple. Un iMac qui refuse totalement de démarrer — c'est-à-dire pas de lumières, pas de bruit, rien du tout — est un petit iMac malade qui a besoin de l'attention affectueuese de quelqu'un qui puisse fouiller plus à l'intérieur. Des pannes matérielles totales de cette sorte sont très rares, mais cela peut arriver.

1.1.4. Mon iMac démarre, et alors je vois un dessin de dossier sur lequel s'affiche un point d'interrogation, puis le logo Mac OS, puis de nouveau le point d'interrogation, et ... bon, enfin vous voyez. Qu'est-ce qui se passe ?

Ceci signifie que votre iMac ne peut trouver de dossier Système utilisable sur aucun des disques connectés à votre iMac. Ceci peut indiquer que des éléments du dossier Système sur le disque dur sont corrompus, ou que quelqu'un a déplacé les fichiers System ou Finder en dehors du dossier Système. Dans le pire des cas, c'est votre disque dur qui est détérioré, et votre iMac refuse de lire quoi que ce soit, y compris le dossier Système.

Avant de paniquer, commencez par vérifier si le disque dur est bien là. Pour cela, insérez le CD-ROM d'Installation, le deuxième disque dans la petite boîte jaune livrée avec votre iMac. Si votre iMac était coincé dans ce chassé-croisé point d'interrogation-logo, ce CD-ROM devrait le décider à démarrer enfin. Si le iMac ne démarre pas, insérez le CD-ROM et maintenez la touche C du clavier enfoncée jusqu'à ce que vous voyiez apparaître le logo Mac OS qui accompagne habituellement le démarrage.

Vous remarquerez tout de suite une différence entre ce démarrage et celui que vous faites habituellement à partir du disque dur : c'est que l'écran semble rempli de soucoupes volantes. Ces soucoupes volantes sont en fait des CD-ROM et elles sont là pour vous signaler que votre iMac est en train de démarrer à partir du CD-ROM.

Une fois le iMac démarré, jetez un coup d'œil au bureau, pour voir si le disque dur est bien là. Pour l'instant, nous allons supposer qu'il est là, et poursuivre (nous nous occuperons du cas du disque dur volatilisé dans un moment). Ouvrez le dossier Utilitaires sur le CD-ROM et double-cliquez sur l'icône **S.O.S. Disque** : c'est l'utilitaire Apple de diagnostic et de réparation, et il est notoire qu'il a permis de réanimer des Mac comateux, tels que celui-ci.

Après avoir lancé *S.O.S. Disque*, vous devriez voir s'afficher un écran très semblable à celui de la Figure 1-1. Pour vérifier la bonne santé de votre disque, cliquez sur l'icône Macintosh HD puis sur Vérifier. *S.O.S. Disque* va effectuer un certain nombre de tests, et vous informer de ce qu'il aura découvert. Si le programme vous recommande de réparer, cliquez sur le bouton Réparer et croisez les doigts. *S.O.S. Disque* peut réparer certains problèmes, mais pas tous. Si vous avez de la chance, le programme purgera votre iMac des problèmes qui l'affectent.

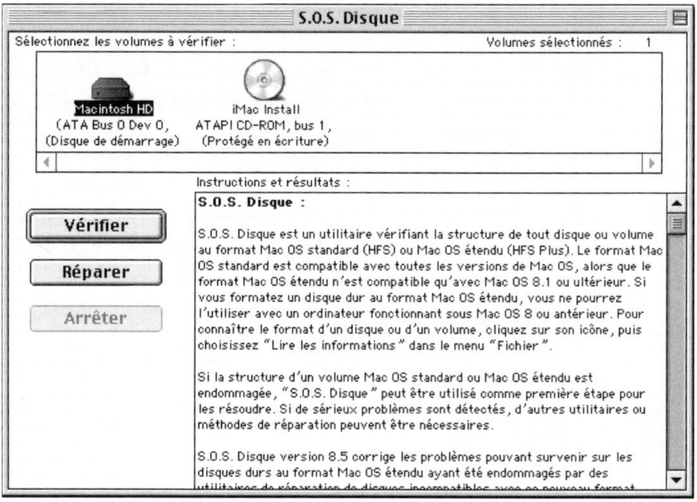

Figure 1.1- Aide d'urgence — Si votre iMac fait des caprices, lancez S.O.S. Disque pour analyser et réparer votre disque dur.

Si *S.O.S. Disque* vous indique que tout va pour le mieux, et que le iMac ne veut toujours pas démarrer correctement, il est temps d'envisager quelques corrections rapides. Quittez *S.O.S. Disque* et double-cliquez sur l'icône de votre Disque Dur. Vérifiez que vous trouvez bien à l'intérieur un dossier Système. Si le dossier Système est là, assurez-vous qu'il y a bien le logo Mac OS imprimé par dessus. Si le logo est bien là, mais que le iMac refuse de démarrer à partir du disque dur, il se peut qu'il y ait un fichier altéré dans le dossier Système. Alors c'est le moment d'essayer ces corrections— et dans cet ordre, s'il vous plaît :

Correction 1: Après avoir démarré votre iMac à partir du CD-ROM d'Installation, ouvrez le dossier Préférences à l'intérieur du dossier Système de votre iMac, repérez un fichier nommé Préférences Finder, et déplacez ce fichier vers le bureau. Redémarrez votre iMac.

Pourquoi cette correction 1: si le fichier Préférences Finder est altéré, il peut générer toutes sortes de problème sur votre iMac. En le sortant du dossier, vous obligez votre iMac à en créer un nouveau — un qui n'est pas altéré.

Correction 2 : Après avoir démarré votre iMac à partir du CD-ROM d'Installation, double-cliquez sur l'icône de votre disque dur et, si nécessaire, déplacez la barre de défilement pour pouvoir voir le dossier Système de ce disque. Ouvrez alors le dossier Système du CD-ROM et cliquez tout en maintenant la touche Majuscule enfoncée pour sélectionner les fichiers : Finder, Mac OS ROM, System, System Enabler 462, et System Ressources. Une fois tous ces fichiers sélectionnés, déplacez-les vers le dossier Système fermé de votre disque dur. Confirmez le remplacement des fichiers puis, une fois la copie terminée, redémarrez votre iMac.

Pourquoi cette correction 2 : les fichiers que vous venez de copier de votre CD-ROM vers votre iMac sont les fichiers nécessaires au démarrage du iMac. Nous savons que les fichiers sur le CD-ROM sont bons, mais nous ne sommes pas bien sûrs de l'état des fichiers correspondants du disque dur. En copiant par-dessus de nouveaux fichiers, vous avez remplacé tout fichier éventuellement altéré.

Correction 3: Lors du démarrage suivant, maintenez appuyées les touches ⌘-Option-P-R jusqu'à ce que vous entendiez deux fois l'indicatif sonore de démarrage du iMac.

Pourquoi cette correction 3: le fait de maintenir appuyées les touches ⌘-Option-P-R réinitialise la PRAM — une partie de la mémoire du iMac qui contient les paramètres de configuration. Il peut arriver que cette zone mémoire soit brouillée, ce qui conduit à des comportements bizarres. Les pros du Mac appellent cela "zapper la PRAM".

Ah, mais supposons qu'aucune de ces corrections ne fonctionne, parce que vous ne trouvez le disque dur nulle part sur le Bureau? Ceci nous conduit à la question suivante.

1.1.5. Qu'est-il arrivé à mon disque dur !? J'ai démarré à partir de mon CD-ROM et maintenant je ne trouve pas son icône sur le bureau !

Il se peut que votre disque dur soit suffisamment altéré pour ne même plus apparaître sur le bureau. Cela arrive parfois, et cela ne signifie pas forcément que vous allez devoir en acheter un nouveau. Le disque peut *éventuellement* être bon pour la casse, bien sûr, mais il est plus vraisemblablement gravement embrouillé.

Comme dans le cas d'un disque qui apparaît sur le bureau, mais refuse de faire démarrer votre iMac, il faut commencer par *S.O.S. Disque*. Lancez le programme à partir du CD-ROM d'Installation, et priez pour que le disque dur apparaisse dans le répertoire des disques accessibles de *S.O.S. Disque*. S'il apparaît, lancez une vérification et réparez-le.

Si le disque refuse de montrer le bout de son nez dans *S.O.S. Disque*, il est temps de prendre des mesures plus sévères. Quittez *S.O.S. Disque* et lancez Outil disque dur — vous le trouverez dans le dossier Utilitaires où vous avez déjà trouvé *S.O.S. Disque*. Outil disque dur cherche, lorsqu'il démarre, les disques durs attachés au iMac. Faites-lui confiance, votre disque dur apparaîtra dans la liste.

Ceci est à la fois une bonne et une mauvaise nouvelle. La bonne nouvelle, c'est que le iMac sait, d'une certaine façon, que le disque dur est là. La mauvaise nouvelle c'est que les donnéees contenues dans le disque sont tellement altérées qu'à moins de vouloir investir dans des outils plus complexes (et plus coûteux) de réparation et de récupération de disque, votre seule chance de remettre votre disque en état est d'effacer toutes les données qui s'y trouvent et de repartir à zéro. L'opération d'effaçage du disque est aussi connue sous le nom d'initialisation ou formatage du disque.

SOURCES D'INFOS

Logiciels de réparation et récupération

S.O.S. Disque a deux atouts : il peut réparer certaines altérations du disque dur, et il est gratuit. Néanmoins, ce n'est pas l'outil le plus complet et le plus efficace du marché. Les utilitaires de diagnostic et de réparation couramment commercialisés, comme *Norton Utilitaires* de Symantec, *DiskWarrior* d'Alsoft, et *TechTool Pro* de MicroMat, vous tireront plus vraisemblablement d'affaire que *S.O.S. Disque*. Ces utilitaires traitent une plus grande variété de problèmes que *S.O.S. Disque* et, contrairement à celui-ci, offrent un moyen de sauver les données d'un disque endommagé. Il se peut que cette possibilité de récupération de données justifie à elle seule le prix d'achat du produit. Si vous avez des données importantes sur un disque et qu'elles n'ont pas été sauvegardées (ne vous inquiétez pas, vous aurez droit à un cours sur la sauvegarde des données un peu plus loin dans ce livre), vous serez un sacré veinard si vous arrivez à récupérer vos données avant de reformater votre disque dur.

Nous avons des réticences à vous conseiller un produit plutôt qu'un autre : en effet l'industrie du logiciel évolue très vite — les nouvelles versions, les mises à jour et les corrections d'erreurs poussent plus vite que les champignons. Nous vous encourageons donc à lire les études comparatives de ces programmes dans les revues spécialisées, à demander des conseils par l'intermédiaire des bulletins d'annonces et des groupes de discussion. Cela ne devrait pas vous prendre bien longtemps pour savoir quel produit est considéré comme le nec plus ultra.

1.1.6. Comment initialiser mon disque?

C'est très simple : Démarrez à partir du CD-ROM d'Installation, ouvrez le dossier Utilitaires et lancez *Outil disque dur*. Lorsque *Outil disque dur* est démarré, cliquez sur le nom du disque dur de votre iMac (il apparaîtra sous la mention Nom des volumes) et cliquez sur le bouton Initialiser (voir Figure 1-2). Il s'ensuivra quelques avertissements sur le fait que vous allez perdre jusqu'au dernier bit de données de votre disque. Si vous acceptez de perdre ces données, continuez. *Outil disque dur* va nettoyer votre disque comme une tornade blanche.

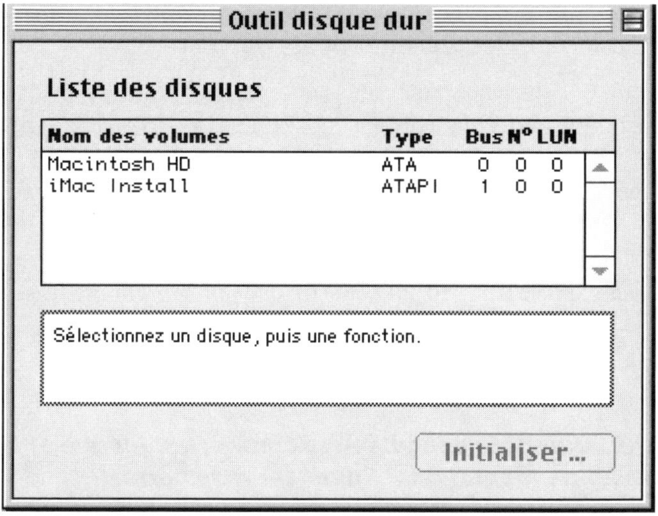

Figure 1.2- Réinstallation — Par chance, Outil disque dur peut trouver le disque dur de ce iMac. Sélectionnez le nom du disque dur, puis cliquez sur Initialiser pour le vider de toutes ses données.

1.1.7. Outil disque dur me dit que je ne peux initialiser le disque. Pourquoi ?

Si vous avez formaté ou initialisé votre disque avec un autre logiciel (par exemple avec les utilitaires de disque dur de FWB), vous ne pouvez plus utiliser *Outil disque dur*. C'est contrariant que le logiciel de formatage des disques durs Apple fonctionne ainsi, mais c'est la vie. Une fois que vous avez formaté un disque Apple avec un utilitaire d'un autre fournisseur, oubliez *Outil disque dur*. Dans ce cas, utilisez un utilitaire d'un autre fournisseur, tel que *Hard Disk Toolkit* ou *Silverlining* pour formater le disque du iMac.

1.1.8. Maintenant que mon disque est formaté et que j'ai perdu toutes mes données, que faire ?

Bien sûr, vous pourriez vous apitoyer sur votre propre sort, mais nous préférons voir les choses plus positivement. Apple, dans sa grande bonté, vous a pourvu d'un CD-ROM qui ramène votre disque dur iMac à son état originel, celui dans lequel vous l'avez sorti de l'emballage. Ce disque s'appelle Restauration et, comme son nom l'indique, il réinstalle tout le logiciel qui se trouvait sur votre disque dur la première fois que vous avez mis votre iMac sous tension.

1.1.9. Mon iMac est gelé — le curseur est bloqué et le clavier ne répond pas. Comment redémarrer ?

Si votre iMac est bel et bien gelé, appuyez sur les touches Commande (⌘) et Contrôle tout en appuyant sur le bouton de mise en marche sur le clavier. Ceci devrait faire redémarrer votre iMac. Si tel n'est pas le cas, il est temps de vous mettre à la recherche de solutions de dépannage.

Si vous jetez un coup d'œil sous la porte située sur le côté droit de votre iMac, vous verrez deux petits trous repérés par une flèche pointant vers la gauche et par quelque chose qui ressemble à un bec de perroquet dans un cercle. Laissez tomber le bec de perroquet : c'est le trou avec un triangle qu'il vous faut. Pour redémarrer un iMac qui refuse de redémarrer par les méthodes usuelles, dépliez un trombone et introduisez-en l'extrémité dans le petit trou : appuyez, puis relâchez. Ceci devrait redémarrer votre iMac.

Si même ceci ne marche pas, votre iMac est réellement gelé, et il faut recourir à des mesures extrêmes. Appuyez sur le bouton de mise en marche à l'avant du iMac. Si cela ne marche pas (et c'est hautement probable), débranchez le iMac de la prise électrique. Attendez environ 10 secondes avant de le rebrancher. Appuyez alors sur le bouton de mise en marche : le petit capricieux devrait redémarrer.

Au cas où vous liriez ce chapitre pour la culture générale sans avoir jusqu'ici fait l'expérience d'un iMac bloqué ou planté, il vous faut savoir ceci : après un incident de cette sorte, au moins neuf fois sur dix votre travail non sauvegardé sera irrécupérable. Nous parlerons des mesures préventives au chapitre suivant; cependant cela nous semble suffisamment important pour vous répéter : *sauvegardez dès le début, et souvent*. Vous ne saurez jamais quand le diable va s'emparer de votre iMac.

1.2. Périphériques

Votre iMac fonctionne peut-être avec tout l'efficacité voulue par Steve Jobs. Mais il n'y a pas que cette jolie petite boîte sur votre bureau : le clavier du iMac ainsi que sa souris peuvent aussi faire quelques caprices. Voici comment vous y prendre pour régler leurs problèmes.

1.2.1. La souris de mon iMac ne s'allume pas comme dans la pub. Pourquoi ?

Personne ne vous a-t-il donc jamais dit de ne pas croire tout ce qu'on voit dans les publicités ?

Ces pubs étaient éclairées de telle sorte que la souris du iMac semble lumineuse. Mais elle ne l'est pas et ne le sera jamais. Quelqu'un, quelque part, a décidé que la souris du iMac paraissait encore plus cool quand on l'éclairait par en dessous. Apple a dû être de cet avis, car lorsque les premiers iMac ont été dévoilés à Macworld Expo, ceux du stand Apple étaient placés sur des podiums éclairés par en dessous, ce qui avait pour résultat de diffuser de la lumière à travers leurs souris. L'effet produit était à la fois très beau et très trompeur.

1.2.2. D'accord, je comprends pourquoi ma souris ne s'allume pas, mais pourquoi le curseur ne se déplace-t-il pas correctement sur mon écran ?

La souris est encrassée. Ne vous inquiétez pas, ce n'est pas bien grave, cela signifie seulement que l'intérieur de la souris est sale. C'est simple à nettoyer : voici comment faire.

1. Mettez votre souris sur le dos et placez vos deux pouces à gauche et à droite du trou central, là où est logée la boule bleue et blanche. Appuyez en tournant dans le sens inverse des aiguilles d'une montre (c'est-à-dire en poussant votre pouce droit vers le haut, et votre pouce gauche vers le bas).

2. Remettez la souris à l'endroit et, après vous être baissé pour ramasser le couvercle et la boule que vous venez de laisser tomber par terre, posez de côté le couvercle et la boule.

3. Retournez de nouveau la souris, et examinez l'intérieur. Vous allez voir trois rouleaux, deux noirs et un blanc. Ces rouleaux détectent les déplacements de la souris, transmettent ces informations au iMac, et le curseur se déplace de même. Cherchez les saletés accumulées sur ces rouleaux. C'est ce qu'on appelle de la crasse de souris, et cela peut l'empêcher de suivre les mouvements.

4. Pour enlever la crasse, utilisez un tampon en mousse, trempez-le dans de l'alcool dénaturé, et enlevez la saleté (utiliser un coton-tige n'est pas une idée géniale, car il risque de laisser des débris de coton autour des rouleaux, ce qui est propice au réencrassement rapide). Il faudra peut-être frotter avec insistance pour nettoyer correctement les rouleaux. Si la saleté est vraiment bien accrochée, peut-être y arriverez-vous mieux avec l'ongle.

5. Après avoir nettoyé les rouleaux, remettez la souris à l'endroit et tapez-la plusieurs fois sur la paume de votre main. Cela détachera tous les petits morceaux qui pourraient encore être cachés au fond.

6. Replacez la boule et le couvercle et faites-lui faire quelques tours. Cela devrait marcher beaucoup mieux maintenant.

1.2.3. Même si je pousse très fort sur la souris, le curseur ne se déplace pas du tout !

Bien sûr il se pourrait que la cause en soit un encrassement extrême comme nous n'en avons jamais vu ; mais il est bien plus probable que votre souris a simplement été déconnectée. Vérifiez les connexions.

Un curseur mort peut aussi être le signe que votre iMac est gelé. Pour le vérifier, tapez sur le clavier quelque chose qui nécessite une réponse de votre iMac. Par exemple, si vous êtes dans le Finder, tapez une lettre et regardez si cela sélectionne l'une des icônes du bureau. Si vous êtes dans une application, essayez de déplacer le curseur à l'aide des flèches. Si rien ne se passe, soit votre iMac est gelé, soit votre souris est déconnectée, soit votre clavier est déconnecté (et la souris est très vraisemblablement branchée dessus).

1.2.4. Certaines touches de mon clavier fonctionnent, et d'autres non !

Il y a peut-être de la crasse de clavier. La crasse de clavier ressemble à la crasse de souris, mais au lieu d'être composée de poussières et de saleté provenant du tapis de souris, la crasse de clavier est constituée de miettes de sandwich, de débris de chocolat et d'éclaboussures de café. Les claviers iMac sont conçus de manière un peu différente des autres claviers d'ordinateur, et ne sont pas si sensibles aux effets de la crasse de clavier, mais si une ou deux de vos touches ne répondent plus, cela vaut le coup de vérifier leur encrassement avant de courir acheter un nouveau clavier.

Pour décrasser votre clavier, commencez par le retourner et le secouer sans excès. Cela fera tomber les plus gros débris. Puis essayez de souffler sur la touche en question avec une bombe à air comprimé (pas de liquide, s'il vous plaît !). Si la touche persiste dans son état comateux, retirez la touche avec un outil approprié, que vous trouverez dans toutes les bonnes boutiques informatiques. Nettoyer la touche avec de l'alcool dénaturé et un tampon en mousse, et soufflez avec la bombe à air comprimé dans l'espace en dessous de la touche. Si rien ne semble marcher et si plusieurs de vos touches vont mal, il se peut que vous ayez un clavier défectueux. Dans ce cas, la seule solution consiste à en acheter un autre.

Et, bien sûr, si aucune touche ne fonctionne, allez donc voir du côté du port USB, et vérifiez que le clavier n'a pas été débranché.

1.3. Modem

Vous avez du mal à entrer en contact avec le monde extérieur via Internet? Votre modem est trop bruyant ? Voici quoi faire.

1.3.1. Mon modem fait un boucan du diable. Comment l'arrêter ?

Il y a différentes façons de faire taire votre modem.

- ♦ Ouvrez le tableau de bord Modem et mettez le bouton de son sur position éteinte. Votre modem sera maintenant totalement silencieux.
- ♦ Branchez un casque (ou n'importe quel connecteur miniplug) dans le port casque de votre iMac. Cela arrête les haut-parleurs internes — la source du bruit du modem.

♦ Baissez simplement le son, en utilisant le curseur de son situé dans la barre de réglages.

1.3.2. Mon modem ne veut pas fonctionner !

Pas moyen d'échapper à la bonne vieille question : " mais est-il branché ? ". Assurez-vous que le câble téléphonique soit correctement relié au port d'entrée du modem sur le côté du iMac, et qu'il soit branché à l'autre extrémité dans une prise téléphonique en état de marche.

Si tout va bien du côté des connexions, ouvrez le tableau de bord Modem et assurez-vous que c'est le bon modem qui est sélectionné dans la fenêtre Modem. Vous devriez y trouver iMac Interne 56K ou iMac Interne 56K (v.34 seulement).

Vous pouvez aussi contrôler les valeurs figurant dans le tableau de bord Remote Access. Si ces paramètres ont été perdus ou mélangés, votre modem ne pourra pas se connecter à votre fournisseur d'accès.

Enfin, peut-être que quelqu'un d'autre chez vous a déjà pris l'initiative de couper le son du modem. Peut-être, après tout, que votre modem marche parfaitement mais que simplement vous ne l'entendez pas se connecter !

1.3.3. Ma connexion est si lente!

La plupart du temps, votre pauvre petit iMac n'y est pour rien. Il y a beaucoup de facteurs qui peuvent contribuer à ralentir une transmission. Tout d'abord, la ligne téléphonique reliant votre domicile au central téléphonique peut avoir des parasites. Rien à voir avec la viande de porc mal cuite ou les règles d'hygiène personnelles. Certaines lignes téléphoniques sont plus chargées en électricité statique que d'autres, et cette électricité-là est bien gênante lorsqu'il s'agit d'établir des connexions à grande vitesse à l'Internet. Vous pouvez appeler France Telecom pour demander de vérifier la ligne et s'assurer qu'il n'y a pas d'électricité statique excessive.

Les fournisseurs d'accès Internet qui cassent leurs prix peuvent aussi être responsables de transmissions trop lentes. Tout comme vous, les fournisseurs d'accès ont des modems à l'autre bout de la ligne, et la transmission ne peut pas aller plus vite que le plus lent des deux modems. Si votre fournisseur utilise des matériels anciens et lents, votre connexion en pâtira. Si vous envisagez de changer de fournisseur d'accès, téléphonez donc à un certain nombre d'entre eux pour savoir de combien de lignes d'accès rapides ils disposent. Le iMac ayant un modem 56K, c'est une connexion à cette vitesse au moins que vous recherchez.

A propos de ce fameux 56K, il nous faut quand même rétablir la vérité. Le fait qu'un modem soit déclaré 56K ne signifie pas qu'il se connecte réellement à cette vitesse. En réalité, un modem 56K peut réaliser au mieux une transmission à 53K. Et, entre nous soit dit, vous ne verrez de transmission à 53K qu'une fois tous les 36 du mois, au mieux. La plupart du temps, estimez-vous heureux si votre iMac arrive à dépasser les 40K lors d'une connexion.

1.3.4. Pourquoi ma connexion s'interrompt-elle ?

Il peut y avoir plusieurs raisons à cela. Si les parasites sur la ligne deviennent trop importants, ils peuvent interrompre la connexion. De la même façon, si la connexion de votre fournisseur à Internet est irrégulière, vous pouvez perdre votre connexion.

Vous pouvez aussi être déconnecté si vous n'avez rien transmis ni reçu sur la ligne pendant un certain temps. Beaucoup de fournisseurs d'accès vous ôteront la ligne s'ils ne constatent aucune activité sur celle-ci durant un certain délai. Pour garder des lignes libres, AOL vous déconnecte au bout de 46 minutes si vous n'avez pas indiqué que vous vouliez rester connecté (nous détestons ces manières).

De même, vous serez déconnecté en un rien de temps si quelqu'un chez vous décroche un autre combiné connecté sur la ligne que vous êtes en train d'utiliser pour le modem. Le discret signal d'appel mettra lui aussi votre connexion kaput. Pas grand'chose à faire contre les décrocheurs de téléphone, à part brailler à pleins poumons. Par contre, vous pouvez invalider le signal d'appel en ajoutant l'indicatif approprié juste devant le numéro de téléphone auquel vous vous connectez. Pour France Télécom, par exemple, ce code est le #43# (pour réactiver le signal, c'est *43*). Donc, si vous voulez désactiver temporairement l'avis d'appel lorsque vous vous connectez à Internet, spécifiez quelque chose du genre #43#,0836061318 dans le tableau de bord Remote Access. Vous composerez *43* après avoir terminé votre connexion. La virgule figurant dans cette séquence sert simplement à ajouter un délai de 2 secondes de façon à donner à France Télécom le temps de répondre à votre demande et d'invalider le signal d'appel.

Et enfin, vous pouvez perdre votre connexion... simplement parce que. Nul ne sait si c'est à cause des taches solaires, des phases de la lune ou par un quelconque sortilège. Parfois vous êtes déconnecté sans aucune raison apparente. Si cela se produit sans arrêt et si vous êtes sûr que tout va bien de votre côté, demandez à France Télécom de vérifier la ligne, et si elle est bonne appelez votre fournisseur d'accès et vérifiez avec lui si tout marche de son côté.

1.3.5. Aïe, il faut que j'ajoute un "1" au numéro de téléphone !

Pas de problème. Vous pouvez, bien sûr, mettre en branle tout l'Assistant de Réglages Internet et indiquer à l'assistant que vous aimeriez un 1, par exemple, devant le numéro de votre fournisseur d'accès. Mais c'est beaucoup de souci pour peu de chose. Au lieu de cela, contentez-vous d'ouvrir le tableau de bord Remote Access, placez un 1 devant le numéro de votre fournisseur, et cliquez sur Fermer. Confirmez alors que vous voulez bien sauvegarder les modifications apportées à la configuration actuelle.

Pendant que nous y sommes , vous pouvez utiliser la même méthode pour ajouter un numéro de carte France Télécom à la séquence d'appel. Par exemple, si vous voulez vous connecter à l'aide d'une carte, et que vous devez d'abord faire le zéro, puis composer le numéro de carte, attendre le message d'accueil de France Télécom puis composer le numéro de téléphone, vous pourrez utiliser une séquence d'appel du genre :

0-2128173129765,,,,0836061318

1.3.6. Impossible de me connecter, j'ai tout essayé.

Comme nous compatissons... Par " j'ai tout essayé ", vous voulez probablement dire que vous avez vérifié les connexions physiques, que vous avez vérifié les tableaux de bord Remote Access, Modem, AppleTalk et TCP/IP pour vous assurer que les paramètres de configuration sont exacts. Vous avez aussi branché un téléphone sur la ligne qu'utilise votre iMac pour vérifier qu'elle marchait bien. Mais avez-vous bien payé votre facture téléphonique ?

Avant d'abandonner et d'appeler le support technique Apple, une dernière vérification s'impose. Nous allons tenter de téléphoner à partir du iMac en utilisant le composant de Communication de ClarisWorks. Pour faire cela, suivez les étapes suivantes:

1. Sélectionnez Communication dans la fenêtre Nouveau document et cliquez sur OK.

2. Dans le menu Réglages, sélectionnez Connexion. Dans le champ **Numérotation** de la boîte de dialogue qui apparaît, entrez le numéro de téléphone que vous souhaitez appeler.

3. Selon toute vraisemblance, votre téléphone est un appareil à tonalité. Choisissez donc le réglage Multifréquence dans le menu Méthode de numérotation.

4. En haut de cette fenêtre, vous devriez trouver l'Outil pour Modem Apple sélectionné comme étant votre moyen de connexion.

5. Dans la section Réglages du port de cette boîte de dialogue, choisissez la vitesse de transmission 57,6K et DTR & CRS dans le menu Fin. Le reste des réglages n'a pas à être modifié.

6. Si le modem interne de votre iMac n'apparaît pas dans la liste des options Modem, ne vous inquiétez pas. Sélectionnez simplement Hayes-Compatible Modem.

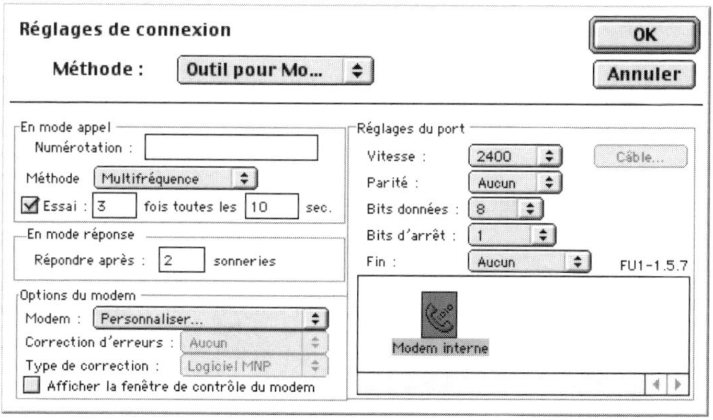

Figure 1.3- Réglages de connexion — Les réglages de votre connexion doivent ressembler à ceci.

7. Cliquez OK pour fermer la boîte de dialogue Réglages de connexion.

8. Pour composer le numéro, sélectionnez Ouvrir une connexion (Majuscule-⌘-O) dans le menu Session. ClarisWorks composera lui-même le numéro avec le modem de votre iMac.

La manip' est terminée. Si vous disposez d'une deuxième ligne téléphonique, appelez le même numéro, de façon à pouvoir vérifier si la connexion s'est faite. Si vous n'avez pas de deuxième ligne, essayer d'appeler un répondeur météo ou l'horloge parlante. Si la connexion s'établit, le modem est bon et il y a simplement un problème de configuration quelque part. Si l'appel n'aboutit pas, vous avez peut-être un problème matériel et il est temps d'appeler le support technique.

1.3.7. J'ai essayé de définir un second profil d'utilisateur, et depuis je ne peux plus utiliser le premier.

Il n'est pas aisé de définir un deuxième profil, et pour cela il faut aller à la pêche dans un certain nombre de tableaux de bord. Voici les étapes de cette définition :

1. Ouvrez le tableau de bord Remote Access. Vérifiez le nom et le numéro. S'ils diffèrent de ceux de votre premier profil, sélectionnez Configurations (⌘-K) dans le menu Fichier. Dans la boîte de dialogue qui apparaît alors, vous verrez une liste de configurations. Votre configuration d'origine devrait être dans cette liste. Sélectionnez-la et appuyez sur le bouton Activer.

Ce serait épatant si cette seule action modifiait tous les paramètres dont vous avez besoin pour reconstituer votre ancien profil : malheureusement, ce n'est pas le cas. Au lieu de cela, il vous faut aussi reconfigurer le tableau de bord TCP/IP. Pour ce faire, sélectionnez TCP/IP dans le menu Remote Access et de nouveau choisissez Configurations dans le menu

Fichier (ce raccourci clavier ⌘-K commence à vous intéresser, non ?). De nouveau, sélectionnez votre profil d'origine dans la liste s'affichant dans la boîte de dialogue, et appuyez sur le bouton Activer.

2. Il est *possible* (mais improbable) que le tableau de bord Modem soit également mal configuré. Pour le vérifier, choisissez Modem dans le menu Remote Access et choisissez Configurations (vous savez comment faire...) dans le menu Fichier.

Une fois que vous avez reconfiguré ces tableaux de bord, tout devrait baigner à nouveau. Mais admettons que vos paramètres d'origine se soient tout simplement volatilisés. Pas de problème ! Vous pouvez soit relancer l'Assistant de Réglages Internet (le programme que vous avez utilisé la première fois pour créer votre profil de connexion), soit rentrer les valeurs adéquates à la main dans les tableaux de bord appropriés. A notre avis, l'Assistant de Réglages Internet (qui se trouve dans le dossier Internet du disque dur de votre iMac) est la solution la plus commode.

1.4. Vidéo

Nous sommes tous convaincus que le iMac est un vrai plaisir pour les yeux quand il est éteint. Assurons-nous qu'il en est de même lorsqu'il est allumé !

1.4.1. Toutes les icônes du bureau sont vraiment petites / grosses !

Choisissez un résolution plus agréable pour votre moniteur. Pour ce faire, cliquez sur le module Résolution Moniteur de la barre de réglages (celui dont l'image représente un moniteur avec un écran à damiers) et choisissez une autre résolution.

Une résolution de 640*480 génère de grosses icônes et fenêtres mais ne donne pas beaucoup de place sur l'écran. La résolution de 800*600 est une bonne taille qui vous offre une place raisonnable. Enfin, 1024*768 vous offre des masses de place mais rend les objets si petits que vous vous surprendrez peut-être à loucher sur votre écran.

1.4.2. Il y a plein de noir autour de l'écran. Puis-je ajuster le moniteur pour voir plus de bureau et moins de marge ?

Bien sûr. Ouvrez le tableau de bord Moniteur et Son, cliquez sur le bouton Géométrie, et ajustez les réglages de hauteur et de largeur du moniteur (voir Figure 1-4). Vous pouvez faire ces réglages à l'aide des boutons qui entourent l'image du moniteur, ou bien placer votre curseur sur l'image du moniteur et tirer les 4 côtés vers l'intérieur ou l'extérieur.

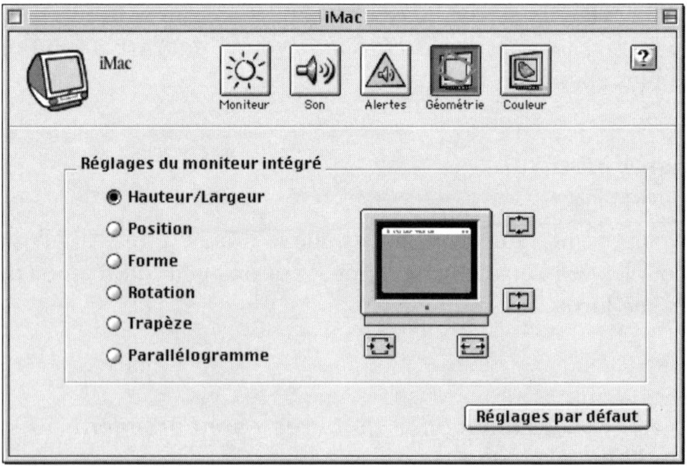

Figure 1.4- Problème de géométrie — Modifiez les dimensions du bureau dans la section Géométrie du tableau de bord Moniteur et Son.

1.4.3. L'image sur le moniteur de mon iMac est un peu tordue.

Assurez-vous qu'il n'y ait pas de champ magnétique important à proximité de votre iMac. En particulier, assurez-vous qu'il n'y ait pas de haut-parleurs non blindés : les haut-parleurs informatiques sont blindés, mais les haut-parleurs hi-fi ne le sont pas. Un gros appareil ménager, comme un réfrigérateur par exemple, peut causer ce type de perturbation même depuis l'autre côté du mur.

1.5. CD-ROM

Même le lecteur de CD-ROM de votre iMac peut parfois présenter quelques problèmes. En voici un, par exemple :

1.5.1. Mon lecteur de CD-ROM fait un bruit de tous les diables !

Alors il faut peut-être commencer par retirer le CD de Marilyn Manson que votre fils de 15 ans à fourré dans le lecteur et mettre quelque chose d'un peu plus mélodieux. Si c'est le lecteur, plus que la musique, qui est à l'origine de cette cacophonie, alors c'est un bon candidat pour le CD iMac de Mise à jour Firmware distribué par Apple. Certains disques sont déséquilibrés (non, nous ne parlons pas de Marilyn Manson) car il y a plus d'encre sur un côté du CD que sur l'autre. Quand un CD déséquilibré est inséré dans le lecteur du iMac, le lecteur a tendance à émettre un vrombissement. Le lecteur de CD-ROM du iMac n'est déjà pas des plus discrets, et ce bruit supplémentaire peut rapidement porter sur les nerfs.

Apple répond à ce problème par l'intermédiaire du CD iMac de Mise à jour Firmware mentionné plus haut. Cette mise à jour va bidouiller dans le code du processeur qui contrôle le disque, et l'oblige à tourner plus lentement, ce qui a pour effet en somme de mettre la pédale douce. Vous pouvez trouver cette mise à jour sur le site Web d'Apple à :

`http://http.info.apple.com/ftp/Apple_Support_Area/Apple_Software_Updates/US/Macintosh/iMac/iMac_CD_Update_1.0.smi.bin`.

Attention : une mise à jour de Firmware est différente d'une mise à jour logicielle en ce qu'elle change les données internes aux processeurs de l'ordinateur plutôt que le logiciel sur disque. Pour cette raison, il est important de ne pas interrompre une mise à jour de Firmware. Si votre iMac se trouvait mis hors tension durant une telle opération, votre lecteur de CD-ROM pourrait devenir inutilisable

Chapitre 2

PROBLÈMES LOGICIELS

Termes et Abréviations

Conflict Catcher 8 — C'est le gestionnaire d'extension le plus avancé et le plus performant de chez Casady & Greene.

Corruption — Lorsqu'un fichier est endommagé d'une manière ou d'une autre (si certaines de ses données sont mélangées ou effacées), le fichier est dit “ corrompu ”. Les fichiers corrompus peuvent mettre une sacré pagaille dans votre iMac.

Gestionnaire d'extensions — C'est l'utilitaire procuré par Apple pour activer et désactiver les extensions, les tableaux de bord, les éléments de démarrage et de fermeture.

Installation spéciale — Installe un tout nouveau dossier Système sur votre disque dur. (L'un de nos éditeurs nous a informé que les types de chez Apple ont pris l'habitude de désigner l'ancienne installation habituelle comme étant une installation “ sale ”).

Reconstruire le Bureau — C'est un processus qui consiste à recréer le fichier invisible qui garde trace des noms et des emplacements des fichiers que vous avez sur le disque dur de votre iMac.

Si vous avez acheté votre iMac à un vendeur " en chair et en os " plutôt qu'à une société de vente par correspondance, vous aurez probablement eu droit une demi-douzaine de fois au laïus du vendeur cherchant à vous convaincre de payer une extension de trois ans sur votre garantie. Après avoir héroïquement résisté, vous êtes peut-être sorti du magasin sans y avoir souscrit. Si vous êtes sorti sain et sauf et que vous avez encore été relancé par courrier, laisser nous vous tuyauter : 9 fois sur 10, si une panne matériel ne survient pas dans la première année (celle couverte par la garantie Apple), elle a peu de chances de se produire dans les deux années suivantes. Pour raccourcir : la matériel est fragile (et révélera sa fragilité bien vite) ou il ne l'est pas.

Si votre iMac a l'air de fonctionner sans problème et que c'est le cas depuis deux mois ou plus, vous devriez être à l'abri des grosses pannes matérielles. Maintenant que vous avez esquivé cet ennui, il est temps de considérer une autre source de problème sur le iMac : les logiciels.

Considérez ce détail : à la différence du marché des PC, il n'y a qu'une société qui puisse savoir quel matériel sera intégré sur un ordinateur Apple. C'est Apple. Du coup, la possibilité qu'une puce, qu'un circuit intégré ou un transformateur coexiste pacifiquement avec les autres composants de votre iMac est bien assurée. Apple s'est déjà penché sur son matériel pour voir s'il fonctionne bien avec le reste de l'ordinateur.

Apple n'a pourtant pas cette même capacité de contrôle sur les logiciels. Bien qu'Apple publie des tonnes de documentation pour indiquer précisément comment les logiciels doivent s'adapter à l'environnement Mac OS et au matériel Apple, ils ne peuvent pas faire les gendarmes partout et garantir que chaque ligne des programmes des différents concepteurs est parfaitement écrite et exécutée. Ils ne peuvent pas mieux s'assurer de la façon dont un produit *W* interagira avec un produit *X* après que l'extension *Y* ait été chargée (laquelle, par ailleurs, ne respectera peut-être pas elle-même les spécifications d'Apple pour améliorer les capacités d'un autre périphérique *Z* de type USB).

En considérant la somme de logiciels que les utilisateurs Macintosh entassent sur leurs disques durs, c'est même un miracle que les ordinateurs Apple marchent tout simplement. Or c'est le cas. Mieux : dans la plupart des cas, ils fonctionnent étonnamment bien. Il peut se trouver des occasions toutefois où même le plus brave des iMac s'emmêle les pinceaux à cause d'un conflit d'extension, d'un fichier corrompu, d'une police inadaptée ou d'un bug logiciel. Notre but dans ce chapitre sera de vous aider à surmonter ces problèmes et de vous offrir des conseils pour les éviter par avance.

2.1. Panne sèche : tout est bloqué

Même les iMac ont leurs mauvais jours : des jours où ils ne démarrent pas ou bloquent, sans raison apparente. Avec les quelques instructions qui vont suivre, un peu d'espoir et une grande méfiance envers les extensions errantes, vous êtes presque sûrs de vous en tirer sans un pépin.

2.1.1. Mon iMac gèle/plante/ne fonctionne pas après que je l'ai démarré. Qu'est-ce qui cloche ?

Cette seule question pourrait facilement prendre tout le chapitre. Après tout, des livres entiers ont déjà été consacrés au sujet. Bien que nous n'ayons pas l'intention de couvrir ici les moindres conflits, blocages ou bugs qui pourraient survenir sur votre iMac, nous n'en resterons pas aux plus élémentaires. Pour commencer, le problème le plus probable lorsque votre iMac ne démarre pas normalement est un conflit d'extension.

Désagréments numériques : conflits d'extensions

Autre part dans ce livre, nous avons expliqué que les extensions sont des petits fragments de code qui rehaussent ou *étendent* les potentialités de Mac OS. L'extension Menu contextuel, par exemple, agrémente le Mac OS pour que votre iMac puisse afficher des menus contextuels. Sans cette extension, vous pourriez faire Contrôle-clic jusqu'à la nuit des temps sans jamais voir apparaître le moindre menu contextuel.

Certaines difficultés peuvent surgir lorsque des opérations engendrées par des extensions et des tableaux de bord entrent en conflit l'une avec l'autre ou avec le Mac OS. Par exemple, une extension plus ancienne peut essayer de s'intégrer sur une portion du Mac OS qui n'existe plus suite à la dernière mise à jour d'OS. Sinon, deux extensions peuvent se disputer la même portion de code dans le Mac OS. Quand ces choses arrivent, toutes sortes de problèmes peuvent surgir. Votre iMac peut se bloquer pendant le démarrage. Vous pouvez voir apparaître un boîte de dialogue qui contient un message obscur (Error Type – 127, par exemple) et un bouton Redémarrer. Sinon, votre iMac peut fonctionner très bien pour un temps, puis planter sans raison.

Diagnostiquer les conflits avec le Gestionnaire d'extensions

Heureusement, il est assez facile de savoir si vous rencontrez un conflit d'extension. Apple propose l'outil qui vous permet de le savoir. C'est le Gestionnaire d'extensions, dont vous pouvez vous servir pour activer ou désactiver les extensions et les tableaux de bord. Si votre iMac rencontre des problèmes au démarrage, voici comment employer cet utilitaire :

1. Maintenez la barre d'espace enfoncée quand vous démarrez votre iMac.

2. Une fois que l'iMac a reconnu le pilote de démarrage et que l'écran de démarrage s'affiche, la fenêtre du Gestionnaire d'extensions apparaîtra (voir Figure 2-1).

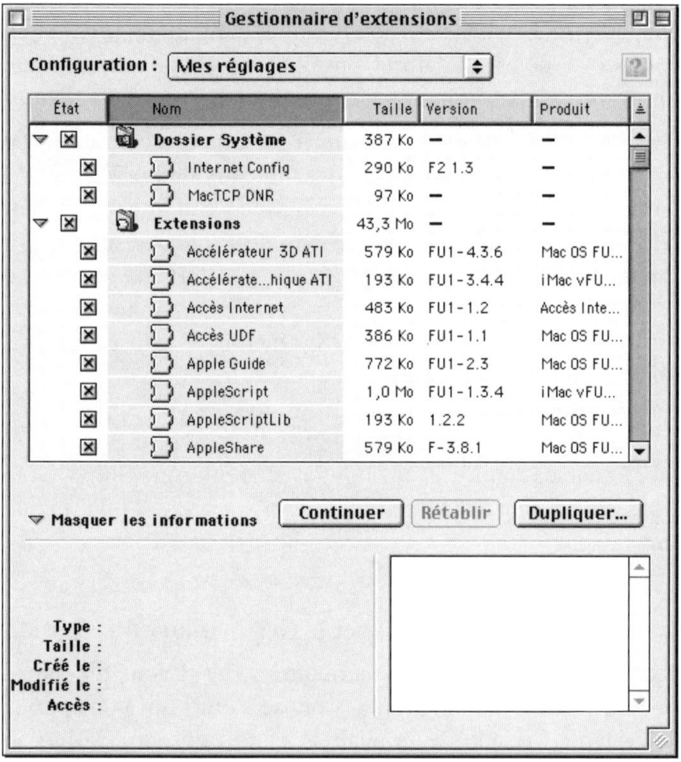

Figure 2.1- Gestionnaire — le Gestionnaire d'extensions de Apple peut vous aider à dépanner les conflits d'extensions.

3. Dans cette fenêtre, vous verrez une longue liste de tableaux de bord, d'extensions, d'éléments de démarrage et de fermeture et des éléments du dossier Système installés sur votre iMac. Ceux de ces éléments qui sont activés porteront une marque à gauche de leur nom. Les éléments désactivés ont une case non cochée à côté d'eux.

4. Dans le menu déroulant Configurations, sélectionnez l'option qui doit s'appeler soit iMac complet soit Mac OS 8.1 complet ou Mac OS 8.5 complet (ce choix dépend évidemment de la version que vous possédez). Ce choix active uniquement les extensions qui étaient livrées à l'origine avec le système d'exploitation et qui doivent normalement fonctionner parfaitement avec. A présent, cliquez sur Continue. Votre iMac devrait continuer le processus de démarrage, charger les extensions et les tableaux de bord et finalement, afficher le bureau.

Avec un peu de chance, votre iMac devrait fonctionner parfaitement suite à cette opération, à cela près qu'il ne possédera plus que les extensions et les tableaux de contrôle appartenant originellement au système d'exploitation. Si le iMac fonctionne à présent comme il le devrait, vous avez accompli avec succès la première étape de votre réparation. Vous pouvez être à peu près sûr qu'il s'agissait bien d'un conflit d'extension.

Malheureusement, vous n'avez gagné que la première bataille. Comme vous l'aurez deviné, vous devez à présent déterminer quel est l'extension, le tableau de bord, l'ensemble d'extensions ou de tableaux de bord qui causent le problème. Le Gestionnaire d'extensions peut encore aider à cela.

Le procédé dont nous allons parler s'appelle une " dichotomie " et peut s'avérer très utile s'il n'y a qu'une seule extension qui pose problème. Voici comment procéder :

1. Avec soit le " iMac base " (un ensemble plus limité d'extensions et de tableaux de bord) soit " iMac complet " (voyez l'étape 4 dans la section précédente), ouvrez le dossier Système de votre iMac puis ouvrez chacun des deux dossiers Extensions et Tableaux de bord. Sélectionnez tous les éléments du dossier Extension (avec la fenêtre active, faites ⌘-A), puis choisissez Famille dans le menu Fichier. Choisissez une couleur visible comme le rouge. Procédez de même pour les éléments dans le dossier Tableaux de bord. Fermez ces dossiers.

2. Ouvrez le Gestionnaire d'extensions et vous remarquerez que les éléments actifs (ceux qui sont cochés) ont à présent des icônes rouges. Grâce à l'étiquetage famille, il sera plus facile d'identifier les éléments qui doivent rester activés.

3. Cliquez le bouton Dupliquer. Nommez le jeu dupliqué " Test " par exemple, puis cliquez OK.

4. Sélectionnez Par produit dans le menu Présentation. Cette option classe les extensions et les tableaux de contrôle d'après le programme qui les utilise ou qui les a installés (voir Figure 2-2). Par exemple, toutes les extensions utilisées par le composant Communication d'AppleWorks sont regroupées ensemble. L'affichage Par produit facilite l'identification des éléments que vous voulez désactiver.

5. A présent, parcourez la liste et activez à peu près la moitié des extensions et des tableaux de bord qui sont désactivés. En faisant cela, tâchez d'activer des groupes d'extensions en entier. Par exemple, si vous avez installé AOL, cliquez sur la boîte à côté du groupe AOL pour activer tous les éléments de ce groupe. Prenez note de tous les éléments que vous avez activés et redémarrez.

6. Si votre iMac ne reproduit pas les bizarreries qui vous ont conduit à ces manœuvres de réparation, alors vous saurez que

l'extension générant le conflit ne fait pas partie des groupes que vous venez d'activer.

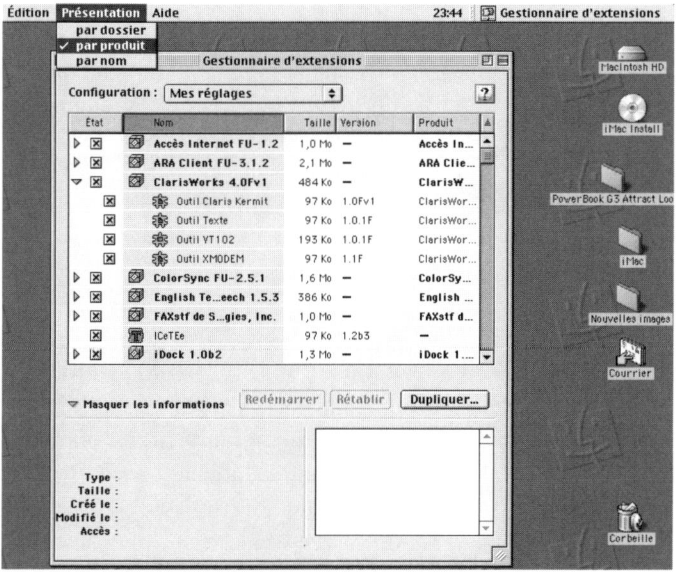

Figure 2.2- Quels sont les produits ? — Le regroupement par produits permet d'activer et de désactiver plus facilement les extensions et tableaux de bord qui y sont rattachés.

7. Si le problème n'a pas surgi, désactivez la moitié des éléments restants et redémarrez. A nouveau, s'il n'y a pas de problème, continuez à activer la moitié des éléments restant jusqu'à ce que le problème surgisse.

8. Une fois que votre iMac rencontre le problème (que ce soit du premier coup ou après trois ou quatre divisions, peu importe) vous saurez que l'élément problématique faisait certainement partie de la dernière série d'éléments que vous avez activés. Référez-vous à vos notes (vous *avez* pris des notes, n'est-ce pas ?), re-désactivez la moitié de ces éléments et redémarrez.

Vous devinez la suite. Continuez à séparer en deux jusqu'à ce que vous déterminiez quelle extension ou quel tableau de bord pose problème. Une fois que vous avez repéré l'élément perturbateur, essayez de comprendre pourquoi il a posé problème. Pour faire cela, cliquez le petit triangle en bas de la fenêtre Gestionnaire d'extensions et cliquez une fois sur l'élément perturbateur pour le passer en surbrillance. Des informations sur l'élément seront affichées au bas de la fenêtre (voir Figure 2-3). Ces informations vous donneront des renseignements importants sur la nature du problème. Par exemple, est-ce que la date de création remonte à plus d'un an ? Il vous faudra peut-être alors vous procurer une version plus récente de l'élément ou faire sans. Il est possible aussi que l'élément ne fonctionne qu'en conjonction avec certains autres tableaux de contrôle ou extensions que vous n'avez pas encore installés.

Il est également possible que l'élément soit corrompu ou défectueux. Si vous ne pouvez pas vous passer des potentialités offertes par cet élément, essayez d'en installer une version récente (en cherchant la dernière version sur le Web, par exemple).

Enfin, il est possible que l'élément ne puisse fonctionner que s'il est chargé avant ou après un autre élément. Pour tester cette possibilité, localisez l'élément, cliquez une fois sur son nom et ajoutez un espace au début du nom pour qu'il soit chargé avant ou un tilde (~) pour qu'il soit chargé après.

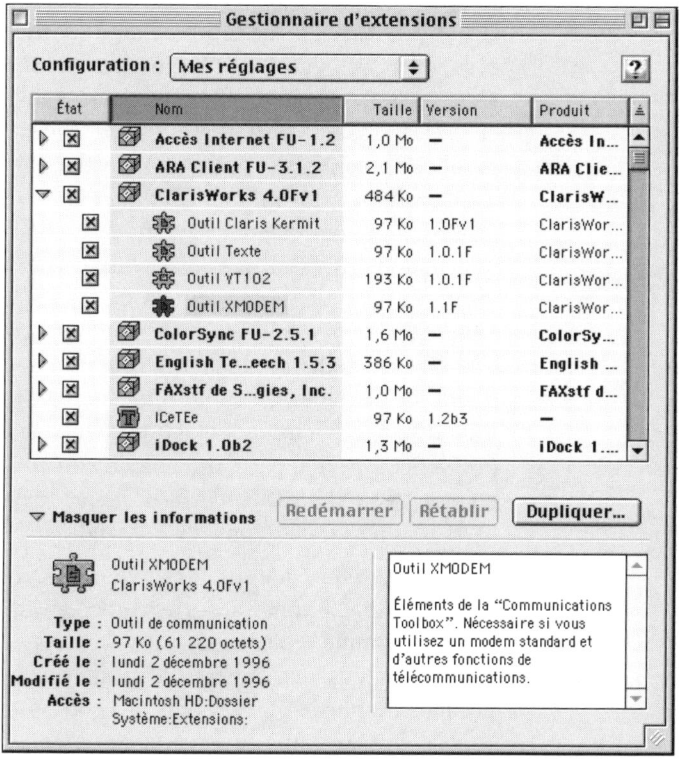

Figure 2.3- A quoi peut bien servir ce machin ? — Le Gestionnaire d'extensions révèle non seulement si les extensions et les tableaux de bord sont activés ou non mais il indique aussi l'objet de ces éléments.

SOURCES D'INFOS

Conflict Catcher

Le Gestionnaire d'extensions est un excellent outil si vous n'avez qu'un élément qui pose problème et que vous avez la patience de faire ce petit jeu de division systématique par deux. Il y a pourtant un moyen plus simple. Mais plus cher. Il s'agit de l'utilitaire *Conflict Catcher* 8. C'est un gestionnaire d'extensions créé par Casady & Greene qui a de plus grandes potentialités que le Gestionnaire d'extensions du iMac. *Conflict Catcher* procède automatiquement au jeu de dichotomie pour vous. Tout ce qu'il vous suffit de faire, c'est de démarrer un test de conflit et *Conflict Catcher* fait procéder votre iMac à une série de redémarrages, activant et désactivant les éléments au fur et à mesure. Votre travail se réduit à indiquer au programme si le problème est réapparu ou non à la fin de chaque cycle de test. *Conflict Catcher* réagit alors d'après ce que vous lui avez indiqué.

Conflict Catcher a plusieurs avantages. En plus de rendre automatiques des procédés fastidieux comme celui que nous venons de décrire, il peut aussi opérer des tests sur des groupes de plusieurs éléments qui entrent en conflit. Par exemple, une certaine extension peut entrer en conflit seulement si deux autres extensions sont également activées. *Conflict Catcher* fera les tests nécessaires pour vous et vous dira quoi faire à ce sujet. Cet utilitaire est une pierre précieuse indispensable à tous les Mac (et même au iMac).

2.1.2. Désolé d'interrompre, mais même lorsque je démarre mon iMac après avoir sélectionné OS 8.x Base dans mon Gestionnaire d'extensions, mon iMac plante.

Cela, c'est pas de chance. Récapitulons rapidement. Si votre iMac plante lorsque seuls les éléments agréés Apple sont activés, il est possible que l'un de ces éléments soit devenu défectueux. Pour le savoir, redémarrez en maintenant la touche Majuscule enfoncée. Cela désactive toutes les extensions et les tableaux de bord. Si votre iMac ne reproduit pas son symptôme après cette opération, il y a de fortes chances pour l'un des éléments Apple du démarrage soit corrompu. Si vous possédez *Conflict Catcher*, vous pourrez faire une vérification sur ce groupe d'éléments (ou sur n'importe quel élément de démarrage) pour déceler d'éventuelles corruptions. En utilisant *Conflict Catcher*, nous avons pu repérer une copie errante de la Barre des réglages qui faisait planter notre iMac. Malheureusement, le Gestionnaire d'extensions n'offre pas la possibilité de tester les éléments de démarrage pour voir s'ils sont corrompus. Vous pouvez toutefois lancer le *S.O.S. Disque* (voir Chapitre 1). Cet utilitaire très simple peut vous permettre de régler le problème ou au moins vous faire savoir que la solution est à chercher ailleurs. Si vous vous rendez compte qu'effectivement l'un des éléments de démarrage est corrompu, installez-en une nouvelle copie. Vous pourrez trouver les éléments du logiciel OS sur le CD-ROM d'installation du iMac.

2.1.3. J'ai essayé de démarrer avec la touche Majuscule enfoncée et l'iMac plante ou bloque encore !

Il est temps d'abandonner la question du conflit des extensions et des tableaux de bord pour passer à d'autres éléments du dossier Système du iMac. Même s'il est possible que votre problème soit dû au disque dur qui serait endommagé (ou à tout le moins tellement emmêlé qu'il faudrait considérer l'éventualité d'un formatage complet), il s'agit peut-être tout simplement d'un fichier corrompu dans votre dossier Système.

Faisons quelques essais pour voir si nous pouvons rendre le sourire à votre iMac.

Avant de commencer, vous devrez remarquer que certaines des solutions requièrent que vous redémarriez votre iMac à partir du CD-ROM d'installation du iMac. Pour faire cela, insérez le CD-ROM et maintenez la touche C enfoncée pendant que vous allumez votre iMac. Maintenez la touche enfoncée jusqu'à ce que vous voyez apparaître le logo Mac OS. Le fait que vous ayez démarré votre iMac grâce au CD-ROM vous sera indiqué par les icônes CD-ROM qui orneront l'écran de votre iMac.

Reconstruire le bureau

Le iMac possède une base de données qui garde la trace de vos fichiers sur votre disque dur. Cette base de données peut parfois s'embrouiller ou se corrompre. Pour remettre les choses en place, reconstruisez votre bureau en maintenant les touches Commande (⌘) et Options enfoncées au démarrage. Maintenez-les enfoncées jusqu'à ce que vous voyiez apparaître une boîte de dialogue qui vous demande si vous êtes sûr de vouloir reconstruire votre bureau sur tel ou tel disque. Cliquez OK et le iMac reconstruira sa base de données. Si les dieux sont avec vous, c'est la guérison assurée. Sinon...

Désactiver la PRAM

Nous en avons parlé dans le Chapitre 1, mais ça vaut le coup d'essayer ici aussi. Maintenez les touches ⌘-Option-P-R enfoncées quand vous allumez votre iMac. Maintenez-les enfoncées jusqu'à ce que vous entendiez deux sonneries de démarrage. A la seconde sonnerie, relâchez les touches. Si le iMac démarre sans problème, vous avez de la veine : il suffisait de démettre la PRAM. Mais si ce n'est pas le cas...

Supprimer le fichier Préférences du Finder

Si votre iMac ne va pas bien et qu'il ne démarre pas, il est possible que le fichier Préférences du Finder soit corrompu. La seule manière de s'en sortir est alors de balancer le fichier. Ne vous inquiétez pas : le iMac en créera un nouveau au prochain démarrage. Démarrez votre iMac grâce au CD-ROM et fouillez dans le dossier Préférences du dossier Système jusqu'à ce que vous trouviez le fichier Préférences Finder (ou Finder Preferences, en anglais). Une fois localisé, mettez-le à la Corbeille et redémarrez (sans maintenir la touche C enfoncée). Si le fichier Préférences du Finder était la source du problème, le iMac devrait redémarrez à partir du disque dur. Si le iMac ne va toujours pas...

Faites une installation spéciale de votre système d'exploitation

Le dossier Système du disque dur de votre iMac peut parfois être tellement désorganisé que la meilleure solution est de repartir sur des bases saines avec un dossier tout neuf. Une installation spéciale vous permet de placer un dossier Système tout nouveau sur le disque dur de votre iMac en renommant l'ancien dossier *Ancien Dossier Système.*

Quand vous faites une installation normale, l'assistant d'installation Mac OS ne change pas tous les éléments de votre dossier Système. Au lieu de cela, il met à jour les anciens fichiers et laisse en place une partie des éléments, tels quels. Ce n'est donc pas la bonne solution si l'un des fichiers est corrompu. En créant un tout nouveau dossier Système, vous serez sûr de savoir si l'ancien dossier Système était la cause de vos problèmes. Bien sûr, il faudra aller récupérer dans votre ancien dossier Système toutes les extensions et les tableaux de contrôle qui ne font pas originellement partie du dossier Système et qui n'apparaîtront pas dans le nouveau dossier créé.

Voici comment faire une " installation spéciale ":

1. Double-cliquez sur l'icône de l'assistant d'installation Mac OS.

2. Dans l'écran de bienvenue, cliquez sur le bouton Continuer.

3. Dans l'écran suivant, sélectionnez la destination et cliquez le bouton Options. Une fenêtre apparaît qui vous donne l'option de faire une " installation spéciale ". Cliquez sur cette option et pressez OK.

4. Vérifiez que le disque dur de votre iMac est sélectionné comme disque de destination et cliquez sur le bouton Sélectionner.

5. Lisez l'Information importante présentée dans la fenêtre suivante ou bien faites comme nous et cliquez immédiatement le bouton **Continuer** sans en lire un mot. Idem pour l'acceptation du contrat dans la fenêtre suivante (bien sûr, acceptez, sinon l'installation s'arrête ici).

6. Si vous le souhaitez, vous pouvez n'installer que certains éléments du logiciel système en cliquant sur le bouton Personnaliser dans la fenêtre Installer le logiciel. Par exemple, si vous ne souhaitez pas utiliser le programme Partage Web Personnel, vous pouvez cliquer sur Personnaliser et désactiver cette option.

7. Quand vous êtes prêt, cliquez sur le bouton Démarrer et l'assistant d'installation créera un nouveau dossier Système sur votre iMac. Quand la procédure d'installation est terminée, redémarrez votre iMac.

Votre iMac devrait redémarrer et fonctionner à merveille, mais il reste encore une faible probabilité pour que ce ne soit pas le cas. Il est possible que les données sur le disque dur de votre pauvre iMac soit si emmêlées que même un nouveau dossier Système ne suffise pas à y mettre de l'ordre. Dans ce cas…

Essayer une réparation avec *S.O.S. Disque* ou un autre utilitaire

S.O.S. Disque est un utilitaire bien plus performant aujourd'hui qu'il ne l'était avant, mais comme nous l'avons signalé au chapitre 1, il est parfois incapable de réparer certains problèmes compliqués. Pour ces cas, renseignez-vous sur l'achat d'un utilitaire de diagnostic et réparation. Pour citer quelques exemples : *Norton Utilities* de Symantec, *Disk Warrior* de Alsoft ou *TechTool Pro* de MicroMat.

2.1.4. J'ai tout essayé — même les utilitaires du marché — et le iMac ne démarre pas. Que faire ?

Vous arrivez au cul-de-sac de la route des réparations. Votre disque dur iMac a l'air de fonctionner normalement (*S.O.S. Disque* a reconnu votre disque dur comme étant connecté au iMac). Le problème ici, c'est que quelque chose est corrompu et qu'aucun outil de réparation ne semble à même de le réparer.

Ce sont des choses qui arrive. Pas souvent, mais cela arrive. Même cela ne doit pas vous effrayer démesurément. Après tout, Apple vous a fourni un CD-ROM qui contient tous les logiciels intégrés de votre iMac. Et puis, bien sûr, vous avez une copie de sauvegarde de toutes vos données…n'est-ce pas ?

Eh, *n'est-ce pas ?*

Nous avons menacé à plusieurs reprises dans ce livre de parler sérieusement des questions de sauvegarde. Le temps de passer à l'action est venu. Aussi, sans plus attendre…

2.2. La leçon de sauvegarde de vos données

Vous avez exactement quatre excuses possibles pour ne pas avoir fait de sauvegarde de vos données. Elles sont les suivantes :

- Vous n'êtes pas au courant de l'intérêt de la chose.
- Vous avez une foi irréaliste dans la technologie.
- Vous êtes paresseux.
- Vous êtes un vieux radin.

Permettez-nous de vous informer quant au premier point, de vous désabuser sur le deuxième et de vous admonester pour les troisième et quatrième points.

2.2.1. 1er Point : Sauvegarder vos données est important.

Si le iMac est votre premier ordinateur, vous pensez peut-être que vous l'allumerez de temps en temps pour envoyer un petit e-mail par-ci, pour faire un peu de traitement de texte par-là, puis que vous l'éteindrez et que ce sera tout. Si votre iMac se plante et que vous perdez un e-mail ou deux, quel est le problème ?

Le problème c'est que, comme nous tous, vous risquez de faire beaucoup plus que d'échanger quelques mots avec vos amis et d'écrire une lettre dans l'année. Avant de l'avoir réalisé, votre iMac contiendra votre carnet d'adresses, vos relevés financiers, vos histoires de famille, recettes, albums photos, en-têtes de lettres, premières pages de fax et l'index de votre bibliothèque. Ces machines ont une façon de vous coller à la peau et en un rien de temps vous réaliserez que toute votre vie est conservée dans votre iMac.

Supposez que votre maison soit attaquée par un essaim de sauterelles intergalactiques qui dévorent toutes vos possessions (vos meubles, votre électroménager, vos pantoufles en forme de lapin… tout quoi). Ce serait plutôt cruel, n'est-ce pas ? A présent imaginez-vous mettre l'essentiel de votre vie dans votre iMac et que votre disque dur soit nettoyé en un clin d'œil! Ce ne serait certainement pas facile à avaler non plus. La seule différence entre ces deux désastres, c'est qu'une fois que les sauterelles auront dévoré vos pantoufles à tête de lapin, celles-ci auront disparu pour de bon, tandis que si vos données sont sauvegardées, vous pouvez les remplacer. Avec une sauvegarde complète, le fait de perdre le contenu de votre disque dur n'est qu'un souci temporaire, mais ce n'est pas une perte irrémédiable.

Mais vous vous dites peut-être “ Hé, mon iMac est presque neuf ! Rien ne peut lui arriver ! ”. Si c'est ce que vous vous dites, passez au 2ème point.

2.2.2. 2ème Point : le disque dur de votre iMac, comme le commun des mortels, vous quittera bien un jour.

Toute chose a son temps de vie, même le disque dur de votre iMac. Il peut fonctionner pendant quelques années, mais il finira par rejoindre le pays des ombres. Et ne croyez pas que votre disque dur doive être totalement achevé avant de vous faire perdre vos données. Si votre ordinateur plante assez sévèrement, des fichiers essentiels peuvent s'en trouver corrompus. En clair : *vous perdrez des données, malgré tous vos gémissements*. Il vaut donc mieux se préparer à une telle éventualité.

Bien sûr, il se peut que votre vie soit si effrénée que vous n'ayez pas même le temps de sauvegarder vos données. Dans ce cas, vous devriez examiner attentivement le 3ème point.

2.2.3. 3ème Point : comparez le temps pris à sauvegarder vos données par rapport à celui de tout re-créer.

Il faut l'admettre, une sauvegarde complète d'un disque dur de haute capacité peut se mesurer en heures plutôt qu'en minutes. Mais combien de temps vous imaginez-vous qu'il faudra pour recréer toutes les données sur lesquelles vous avez travaillé ces six derniers mois ou simplement pour refaire votre système d'archives pour les impôts dont les premiers remontent à 1982 ?

Sauvegarder ses données, c'est un peu comme de tenir votre registre de compte bancaire : si vous cessez de le faire pendant quelques mois, la tâche devient soudain surhumaine. Si par contre vous faites des sauvegardes de votre travail quotidien ou hebdomadaire (ou mieux encore, que vous utilisez un utilitaire pour que la sauvegarde soit automatique), tout vous paraîtra très facile. En plus, vous aurez la tranquillité d'esprit de savoir que si quelque chose sur votre iMac se déglingue, vous pourrez facilement tout remettre en ordre.

Cela nous laisse donc un dernier argument contre la sauvegarde de vos données : le coût ou, comme nous l'indiquons dans le 4ème point…

2.2.4. 4ème Point : vous êtes un tel radin que vous n'êtes pas prêt à lâcher le moindre sou pour sécuriser vos données.

La sauvegarde de vos données ne doit pas forcément vous coûter cher, tout particulièrement sur un iMac. Pour moins de 900 F, vous pouvez ajouter un lecteur Zip ou un SuperDisk à votre iMac. Il est clair que l'utilisation de ce genre de périphériques pour sauvegarder chaque parcelle de données d'un disque dur de grande capacité augmentera vos dépenses, mais personne ne vous oblige à tout sauvegarder. Si vous êtes un peu sélectif, vous pouvez vous contenter de sauvegarder une petite portion de votre disque dur.

PLUS D'INFOS

Quels fichiers sauvegarder ?

C'est là tout le problème. Bien que vous puissiez sauvegarder toutes vos données sans exception, rien ne le rend nécessaire. Les instructions de sauvegarde qui vont suivre devraient vous aider à déterminer quels fichiers doivent ou ne doivent pas être sauvegardés.

Les déconseillés

♦ Ne vous embêtez pas à sauvegarder des applications que vous avez sur un CD-ROM. Par exemple, le programme ClarisWorks se trouve déjà sur le disque d'installation du iMac et peut être facilement réinstallé. De la même manière, si vos capacités de sauvegarde sont un peu limitées, ne vous embêtez pas à sauvegarder des freewares ou des sharewares que vous pouvez facilement télécharger sur Internet. Vous pourrez vous les procurer à nouveau facilement.

♦ Ne sauvegardez pas plusieurs versions de vos fichiers. Par exemple, si vous téléchargez beaucoup de fichiers à partir d'Internet, vous aurez certainement des versions compressées et décompressées de ces fichiers. Pas besoin de sauvegarder les deux versions. Comme les versions compressées prennent moins de place, sauvegardez les versions compressées de vos fichiers favoris.

♦ Ne sauvegardez pas de petits fichiers insignifiants. C'est le cas des caches de votre navigateur, par exemple. Les navigateurs créent une quantité innombrable de petits fichiers qui ne servent qu'à un moment donné. D'ailleurs, avez-vous même besoin de garder tous les fichiers Lisez-moi ou Simple Text sur votre disque dur ?

Les recommandés

♦ Sauvegardez tous les fichiers que vous ne voulez surtout pas perdre. Les billets doux envoyés par e-mail, les fichiers de vos comptes en banque, les fichiers de sauvegarde de jeux, les répertoires ou les premiers gribouillis en dessin bitmap de votre enfant de cinq ans seront difficiles, voire impossibles, à recréer.

♦ Sauvegardez les fichiers de configuration importants. Il y a peu de chance pour que vous ayez mémorisé tous les nombres qui apparaissent dans les tableaux de bords Remote Access et TCP/IP. Une sauvegarde de ces fichiers vous épargnera bien des efforts en cas de pépin.

♦ Sauvegardez votre dossier Système idéal. En effet, vous pourrez toujours faire une installation spéciale de votre système d'exploitation, mais celui-ci ne contiendra plus les gadgets que vous aurez ajoutés vous-même et qui font que votre iMac est vraiment *votre* iMac.

2.2.5. D'accord, je vois l'importance de la sauvegarde, je réalise que le disque dur de mon iMac mourra un jour, je suis déterminé à être plus actif et je suis prêt à laisser filer quelques billets. Comment mettre en place ma stratégie de sauvegarde ?

Il y a différentes stratégies envisageables. Votre choix dépendra de la flexibilité de votre budget, de la quantité de données à sauvegarder, de la quantité de données que votre support de sauvegarde peut stocker et du degré d'automatisme auquel vous voulez amener le processus de sauvegarde. Nous commencerons par les solution les plus faciles et les moins chères, puis nous passerons aux solutions plus onéreuses.

Pour les mini sauvegardes et les mini budgets

Au chapitre 2 nous avons parlé du imacfloppy.com, le site Web qui vous permet de stocker gratuitement jusqu'à 3 Mo de données. En considérant la quantité de données qui peut être stockée sur le disque dur d'un iMac, 3 Mo c'est pas grand chose, mais si cela vous suffit, il paraît difficile de trouver une meilleure solution. Pour maximiser votre support, compressez d'abord vos fichiers. Vous trouverez le imacfloppy.com sur www.imacfloppy.com.

Pour les petites sauvegardes et les petits budgets

Imacfloppy.com n'est pas la seule possibilité de sauvegarde par Internet. Avec les utilitaires Retrospect et Retrospect Express, vous pouvez à présent sauvegarder vos données sur Internet via FTP (File Transfer Protocol). Configurez les programmes pour créer un stockage Internet puis transférez le stockage vers un site FTP. Si vous n'avez pas accès à ce genre de site, le programme vous propose une liste de Sites de sauvegarde Internet certifiés Dantz où vous trouverez des espaces de stockage Internet rapides, sécurisés et peu coûteux.

D'après l'un de nos confrères chez Dantz, cela prend à peu près 7 heures pour transférer 150 Mo de données compressées grâce à Retrospect sur un modem 33.6 K. Votre iMac possède un modem 56 K : si vous obtenez une connexion rapide vous pourrez donc réduire sensiblement ce temps d'attente.

La sauvegarde Internet est une bonne solution mais elle n'est pas parfaite. Comme vous vous en doutez, la vitesse de votre sauvegarde dépend de la vitesse de transmission de votre connexion, de la possibilité d'établir une connexion rapide avec votre fournisseur et du répondant du site FTP. De plus, plus vous utiliserez de place pour vos stockages, plus vous devrez payer et certaines personnes hésitent un peu avant de confier la sauvegarde de leurs fichiers importants à un serveur à distance. Pour être tout à fait honnêtes, nous préférons nous-mêmes garder nos sauvegardes sous la main, mais si le stockage Internet vous paraît satisfaisant, vous avez notre bénédiction. Retrospect coûte aux Etats-Unis environ 150 $ et Retrospect Express coûte 50 $ dans les catalogues de vente par correspondance.

Pour des sauvegardes et des budgets moyens

Le lecteur Zip d'Iomega et le SuperDisk de Imation coûtent entre 800 et 1300 FF et offrent respectivement des supports disques de 95 Mo et 120 Mo. Les disques coûtent aux alentours de 100 FF, les prix pouvant varier selon la quantité achetée. Cela prendrait une douzaine de disques pour faire une sauvegarde complète du disque dur de votre iMac, mais si vous êtes un minimum sélectif et que vous compressez certains fichiers, vous devriez pouvoir stocker l'essentiel des données qui vous importent sur quelques cartouches.

Le fait d'utiliser un support disque plutôt que l'Internet vous offre une grande facilité pour mettre à jour vos données rapidement. Cela vaut la peine d'être pris en compte si votre temps est compté.

Pour les sauvegardes et budgets de moyens à énormes

Les ordinateurs Apple autres que les iMac possèdent des ports SCSI (Small Computer System Interface). Généralement, on branche sur ces port des périphériques comme des disques durs, scanners, lecteurs de cassettes ou graveurs CD-ROM. Comme vous le savez, les iMac ne possèdent pas ce genre de port et pour être francs, ce manque se fait un peu sentir quand il s'agit de sauvegarder de grandes quantités de données. Nous aimerions tant pouvoir brancher nos lecteurs DAT (Cassettes audio digitales) sur nos iMac.

Bien que nous ne puissions pas encore le faire au moment où nous écrivons ceci, d'ici à ce que vous achetiez ce livre, vous pourrez utiliser des périphériques SCSI avec votre iMac grâce aux adaptateurs USB-SCSI bientôt en vente sur le marché. Une fois que votre iMac peut utiliser des périphériques SCSI, un univers d'options de sauvegarde s'ouvre à vous.

Prenez l'exemple des lecteurs DAT dont nous avons parlé. Une simple cassette DAT peut stocker 2 Go de données. Il faut dire cependant que ce que les DAT gagnent en capacité, ils le perdent en vitesse. Les lecteurs DAT ne sont pas aussi performants qu'un disque dur ou même qu'un lecteur de cartouches Zip ou SuperDisk. Néanmoins, le fait de pouvoir stocker toutes vos données sur un seul support peut être bien pratique. Par ailleurs, le port SCSI offre aussi la possibilité d'utiliser des périphériques de très haute capacité comme les lecteurs Jaz.

CONFIDENCES

Sauvegarde : la manière douce

Si vous savez déplacer des fichiers d'un dossier à un autre, vous avez toutes les compétences requises pour sauvegarder vos données sur un périphérique externe. Par exemple, insérez un disque dans le Zip connecté au port USB de votre iMac, déplacez et relâchez vos fichiers à sauvegarder sur l'icône Zip. Bingo, Bango, Bongo : vos fichiers sont sauvegardés.

Cette méthode manuelle pour sauvegarder des données est tout à fait adaptée si vous n'avez à gérer qu'un nombre limité de fichiers, mais si vous créez ou modifiez un grand nombre de fichiers par jour ou par semaine, vous pourrez opter pour une méthode plus avancée. Il va sans dire que nous nous faisons un plaisir de vous renseigner sur l'affaire :

Connectix a créé un programme appelé *Speed Doubler 8* qui, en plus d'autres avantages, accélère certaines opérations de votre iMac (la copie de fichiers et la vitesse avec laquelle la corbeille se vide, par exemple). *Speed Doubler 8* contient aussi le composant *Copy Agent* qui vous permet de programmer à l'avance vos sauvegardes. Tout ce qu'il vous suffit de faire, c'est de cliquer sur l'onglet Copy Agent dans la fenêtre Speed Doubler et de déterminer quels fichiers vous voulez sauvegarder, où vous voulez les sauvegarder et quand faire la sauvegarde. Au moment indiqué, Copy Agent se mettra en marche et créera une sauvegarde pour vous. *Speed Doubler* coûte aux alentours de 400 F. Même sans compter *Copy Agent*, cela vaut le coup. Si vos opérations de sauvegarde ne sont pas trop complexes, *Copy Agent* est une bonne affaire.

Il est possible toutefois que vous ayez besoin d'outils plus sophistiqués pour vos sauvegardes (compression de données, possibilité de stocker vos données sur une plus grande variété de périphériques, tâches automatiques complexes). Si c'est le cas, *Retrospect Express* de Dantz paraît un bon outil. A la différence de *Copy Agent*, *Retrospect Express* peut compresser vos données (à un taux de 3/2) ce qui veut dire que vos données sauvegardées prendront moins de place que les données originales. *Retrospect Express* vous permet de faire votre sauvegarde sur presque n'importe quel type de support (yup, Zip, SuperDisk, Jaz, SyQuest SyJet, magnéto optique, et même CD-RW). Mis à part l'impossibilité de faire des sauvegardes sur cassettes, la différence majeure entre *Retrospect Express* et sa version de luxe *Retrospect* (tout court !), est que *Retrospect Express* ne vous permet pas de faire des sauvegardes sur un serveur réseau. Si votre iMac œuvre en solitaire (s'il n'est pas connecté à un réseau), vous vous passerez très bien de cette option (et économiserez quelques sous au passage).

2.3. Erreurs en tous genres

Les conflits d'extension engendrent souvent un certain nombre d'erreurs logiciel. Mais il existe d'autres raisons pour qu'un programme plante ou ne fonctionne pas correctement. Examinons les problèmes les plus courants que vous êtes susceptibles de rencontrer.

2.3.1. Je viens d'installer un logiciel/pilote mis à jour pour mon programme/imprimante/CD-ROM/scanner/joystick/etc. et maintenant mon iMac est complètement embrouillé !

Lorsque vous faites une mise à jour ou que vous gonflez un logiciel, vous prenez le petit risque que l'élément introduit dans le iMac pour en faire une machine plus enthousiaste et chaleureuse encore vienne, au lieu de cela, jeter un sévère coup de froid dans le système.

Nous ne sommes pas du genre à calomnier ceux qui veulent être à la page et posséder le lecteur dernier cri ou le tout nouveau logiciel pour gonfler sa machine. Nous-mêmes n'arrêtons pas de gaver notre iMac de petites nouveautés afin de voir ce qu'il se passe ensuite. Mais si vous voulez que votre iMac reste ce petit iMac heureux et stable qu'il a toujours été, nous vous conseillons de faire ce que nous vous disons et non ce que nous faisons. Laissez quelqu'un d'autre (ou nous, par exemple) jouer les cobayes. Ensuite, consultez les groupes de discussions et les bulletins d'informations appropriés sur le Web et tirez-en les leçons. Une fois que les problèmes de bugs auront été écartés, vous pourrez sans hésiter installer le pilote d'imprimante *X* ou l'accélérateur graphique *Y*.

Si vous tenez vraiment à installer dès qu'elle sort la toute dernière (mais pas forcément la meilleure) application pour gonfler votre machine, faites ce que nous disons *et* ce que nous faisons : gardez une copie du pilote ou du programme qui sera remplacé par la nouvelle version. Par exemple, si vous êtes sur le point de remplacer TrucMachinWorks 1.0 par TrucMachin-Works 1.0.1, faites une copie du programme original et placez la dans un dossier de votre bureau. Si TrucMachinWorks paraît bien fonctionner à long terme, vous pourrez supprimer l'ancienne version.

2.3.2. Mon programme s'éteint soudainement, sans prévenir, et j'obtiens un message à propos d'une erreur de type 1. Qu'est-ce que cela veut dire ?

Le Mac OS est censé être très facile d'utilisation et dans l'ensemble, c'est vrai. Mais ces obscurs codes d'erreur peuvent parfois rendre fou. Les codes d'erreur servent aux programmeurs qui les utilisent pour opérer des dépannages et ne sont pas vraiment faits pour éclairer les utilisateurs. Quoiqu'il en soit, l'erreur “ Type 1 ” est à connaître car, à la différence de beaucoup d'autres codes d'erreur, vous pourrez vous-même faire quelque chose pour régler le problème.

L'erreur “ Type 1 ” indique généralement qu'un programme manque de mémoire. Heureusement, il est assez facile d'attribuer de la mémoire à un programme.

Pour faire cela avec Mac OS 8.1, cliquez sur l'icône du programme pour la passer en surbrillance et choisissez Lire les informations, puis Mémoire. Vous verrez une fenêtre qui ressemble à celle de la Figure 2-4. A présent, double-cliquez sur le champ Mémoire Souhaitée et augmentez le nombre indiqué. Pour commencer, augmentez la taille de quelques centaines de Ko. Si le programme ne fonctionne toujours pas, augmentez la taille jusqu'à ce qu'il n'y ait plus problème.

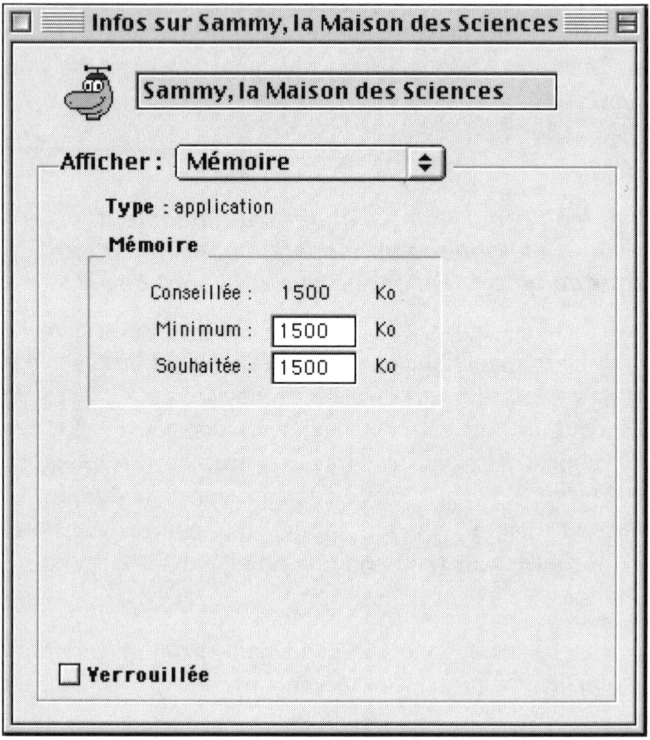

Figure 2.4- Memoire — Si votre programme se ferme sans prévenir, il faudra peut-être augmenter la taille de la RAM utilisée. C'est ce que vous pourrez faire dans la fenêtre Lire les informations.

La fenêtre Lire les informations de Mac OS 8.5 a l'air un peu différente de celle trouvée dans OS 8.1. Sous OS 8.5, sélectionnez Lire les informations dans le menu Fichier et sélectionnez Mémoire dans le sous-menu (voir Figure 2-5). A présent, double-cliquez dans le champ Mémoire souhaitée et suivez les mêmes procédures que sous OS 8.1 (augmentez de quelques centaines de Ko). Pour faire la même chose en utilisant les raccourcis clavier, faites ⌘-I puis sélectionnez Mémoire dans le menu déroulant.

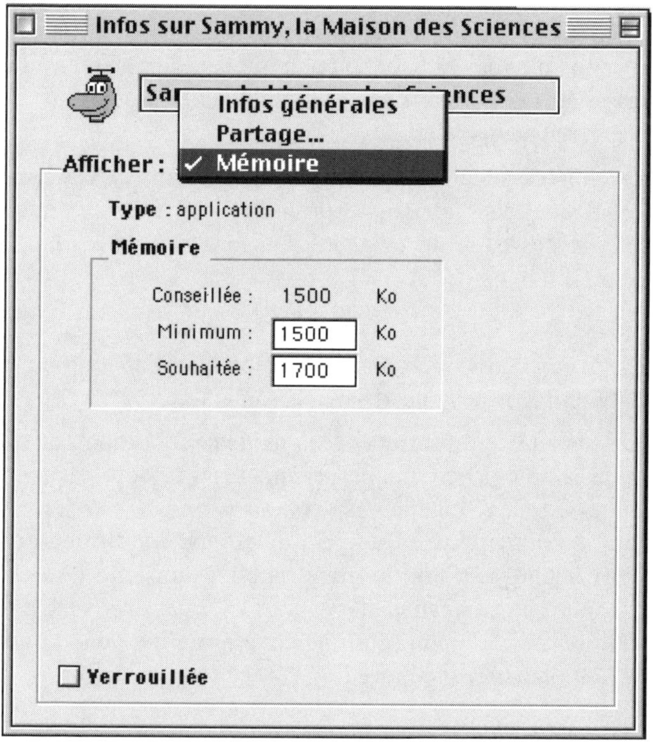

Figure 2.5- Lire les informations – Dans OS 8.5 sélectionnez l'information que vous voulez dans le sous menu Afficher.

2.3.3. Mon navigateur Web s'éteint soudainement à cause d'une erreur. Est-ce aussi un problème de mémoire ?

Peut-être, peut-être pas. Avant tout, cela veut dire que vous utilisez un navigateur et les navigateurs, par nature, sont des bêtes imprédictibles. Après des années d'utilisation des ordinateurs Mac, nous n'avons jamais rencontré autant de plantages, blocages et attitudes bizarroïdes sur aucun autre programme que sur les navigateurs Web.

Les navigateurs réclament beaucoup de mémoire. Cela vaut le coup d'en allouer une belle proportion en espérant que le problème cesse. Mais cela ne changera peut-être rien. En général, il faut garder ceci à l'esprit :

♦ Les navigateurs Web plantent, parce que. Parce que, c'est tout. N'en faites pas une affaire personnelle.

♦ Les sociétés qui fabriquent les navigateurs proposent souvent des versions de leurs programmes qui ne sont pas même terminées. Cela s'appelle des versions *beta*. Une version beta est une version offerte à l'usage d'un groupe d'utilisateur (qui, effectivement, peut être le grand public) pour être testée. Si vous voulez un navigateur stable, n'utilisez pas une version beta. Utilisez une version plus ancienne jusqu'à ce que la nouvelle soit pleinement achevée.

♦ Si vous rencontrez beaucoup de problèmes avec un certain type de navigateur, changez-en. Parfois c'est la version courante de Netscape qui est la plus stable, d'autres fois, celle d'Internet Explorer. Ca dépend. Si celle que vous utilisez ne fonctionne pas bien, essayez de passer à l'autre.

♦ Ne surchargez pas votre navigateur de plugiciels. Effectivement, il est tentant d'améliorer son navigateur en y ajoutant des douzaines de gadgets, mais ces ajouts prennent de la mémoire et peuvent rendre votre navigateur instable.

2.3.4. Mes icônes iMac se sont transformées en icônes pages blanches et/ou icônes de petites mains sur un papier. De quoi s'agit-il ?

Ceci peut arriver lorsque votre bureau doit être reconstruit. Si vous vous souvenez de ce que nous avons dit il y a quelques pages, vous reconstruisez votre bureau en maintenant les touches ⌘ et Options enfoncées quand votre allumez votre iMac. Vous devrez envisager la solution de reconstruire le bureau lorsque votre iMac se comporte bizarrement (lorsque les alias ne trouvent pas leur fichier pointé, par exemple, ou lorsque des icônes disparaissent).

2.3.5. J'ai entendu dire que les ordinateurs peuvent avoir des virus. Quelles chances ai-je d'en avoir un ou de pouvoir en avoir un sur mon iMac ?

Avant de répondre à la question, commençons par une petite mise au point. Les virus d'ordinateurs sont des séquences de codes créées par des programmeurs qui sont soit très peu sociables soit bien maladroits. Ces séquences de codes peuvent créer des problèmes aussi bénins que de faire clignoter un message sur l'écran mais ils peuvent également être assez pernicieux pour aller jusqu'à détruire les données de votre disque dur.

Les utilisateurs de Mac ont été plutôt chanceux quant aux virus. La plupart de ces petites terreurs ont été écrites pour infecter les PC plutôt que les Mac et jusqu'à récemment les utilisateurs Mac ont eu peu à s'en soucier. Ceci vient de changer néanmoins dans les dernières années à cause d'un petit monstre appelé AutoStart Worm, un virus qui peut endommager les fichiers sur le disque dur de votre iMac.

Heureusement, l'AutoStart Worm est facile à parer. Les infections par AutoStart surviennent lorsqu'un CD-ROM contenant le virus tourne sur votre iMac. L'astuce ici est de scanner le CD-ROM avant qu'aucun des programmes du CD-ROM ne commencent à tourner. Vous ne pourrez pas faire cela si la fonction Lecture automatique est activée (cette fonction permet aux CD-ROM de démarrer automatiquement lorsqu'ils sont insérés). Avant d'avoir trouvé une solution permanente pour parer AutoStart Worm, vous feriez bien de désactiver la fonction Lecture automatique des CD-ROM. Voici comment faire :

1. Dans le menu Pomme, choisissez Tableaux de bord, puis Réglages QuickTime.

2. Sélectionnez Lecture auto. dans le menu déroulant en haut de la fenêtre. Enlevez la marque cochant les cases Lecture automatique des CD audio et Lecture automatique des CD-ROM.

3. Fermez la fenêtre, c'est fait.

Vous pouvez savoir si un CD-ROM contient le virus AutoStart Worm grâce à quelques utilitaires qui peuvent s'en charger. Il y a des utilitaires libres partout sur le Web qui peuvent vous aider dans cette affaire. Allez à www.macdownload.com et faites une recherche en utilisant le terme “ autostart ”. Vous devriez obtenir ce que vous voulez.

Le virus AutoStart Worm n'est pas le seul virus sur Mac. Si vous voulez une bonne protection contre ces différents virus, renseignez-vous sur l'achat de logiciels utilitaires d'antivirus du genre Norton Antivirus de Symantec ou Virex de Dr. Solomon.

Partie (2)

VOYAGE AU COEUR DE LA MACHINE

Chapitre 3

GONFLER LE IMAC

Termes et Abréviations

Bracelet antistatique — C'est un bitoniot en papier et métal (les versions professionnelles sont faites en matériel plus solide) que vous enroulez autour de votre poignet et attachez à un objet métallique afin que vous ne transfériez pas d'électricité statique de votre corps vers ce que vous touchez, comme la carte mère de votre iMac.

Disque RAM — C'est un moyen pour mettre de côté une portion de RAM de façon à ce qu'elle fonctionne comme un disque dur. A la différence de la mémoire cache, c'est vous, plutôt que le Mac OS, qui décidez de ce qui doit être stocké sur le disque RAM.

Emplacement d'Interface PCI — Un emplacement d'interface PCI est un emplacement que l'on trouve sur les Power Mac G3 et qui permet d'ajouter des interfaces pour des captures vidéo ou des interfaces SCSI rapides. Votre iMac ne possède aucun de ces emplacements.

Emplacement Mezzanine — Sur les premiers iMac (Rev. A et Rev. B), Apple a intégré un emplacement pour carte d'extension à usage interne. Cet emplacement " mezzanine " n'était pas prévu à l'intention des développeurs autres que Apple. Apple dégage donc toute responsabilité et fait annuler la garantie dans le cas où l'on installerait une carte dans cet emplacement. L'emplacement a été retiré sur les iMac multicolores.

iMac multicolores — Les iMac mis en vente en janvier 1999 sont disponibles en cinq couleurs de fruits : Myrtille, Raisin, Mandarine, Fraise et Citron vert. Ces iMac ne possèdent ni le port infrarouge IrDA ni l'emplacement mezzanine.

Interface NuBus — C'est le précurseur de l'interface PCI. Cette interface plus lente peut être trouvée sur les premiers Power Mac et sur un certain nombre d'autres systèmes Mac plus anciens.

Mémoire Cache — C'est une portion de mémoire RAM réservée par le système d'exploitation pour stocker des données qui sont fréquemment consultées. Pour en savoir plus sur les notions de RAM, VRAM et cache, voyez le Chapitre 2.

Mémoire virtuelle — C'est une partie du disque dur de votre iMac qui est utilisée comme de la RAM, pour des stockages à court terme.

RAM — Random Access Memory. Ce sont les puces sur les petits circuits intégrés qui stockent les programmes et les données systèmes. La RAM est un peu comme une mémoire à court terme. Quand votre ordinateur doit stocker des informations en mémoire pour être conservées à long terme, il les inscrit sur le disque dur.

VRAM — A prononcer vé-RAM. Cela correspond en anglais à Video Random Access Memory. Ce sont des puces mémoire qui sont utilisées pour la gestion d'écran de votre iMac. La capacité VRAM de votre iMac détermine le nombre de couleurs et la résolution de votre affichage. La VRAM permet aussi d'accélérer et / ou d'augmenter la précision graphique des jeux.

Si vous êtes un adepte relativement récent des Mac (c'est-à-dire si vous avez acheté votre premier Mac dans les années 90) vous penserez peut-être que votre iMac est maintenant très différent des premiers modèles de Mac. Après tout, comme nous l'avons constaté précédemment dans ce livre, le iMac ne possède ni lecteurs de disquettes, ni ports ADB, ni ports SCSI, ni ports série, ni cet aspect gris qui caractérisait les anciens Mac. Par ces aspects, vous avez raison, le iMac *est* très différent. Mais une caractéristique très importante fait du iMac un ordinateur tout à fait similaire aux tous premiers Mac, à ceux que Steve Jobs présentait il y a 15 ans.

Eh oui, comme les Macintosh vendus au milieu des années 80 (mais à la différence de ceux qui ont été fabriqués durant ces 10 dernières années) le iMac est un système *tout en un*. Cela veut dire que tout (en dehors du clavier et de la souris) est intégré dans la même unité. Vous n'avez pas de moniteur séparé ni une pléthore de fiches d'emplacements auxquelles s'ajoutent leurs différentes cartes PCI et NuBus correspondantes, pas de modem à ajouter ni de haut-parleurs stéréo externes. Votre iMac peut fonctionner impeccablement sans rien d'autre que sa propre unité. Aucun câblage n'est nécessaire.

Etant donné que le iMac est conçu comme une unité *tout en un*, il n'est plus aussi simple d'ouvrir la boîte du iMac qu'il ne l'était de démonter le couvercle des anciens Mac (pour ceux-là, Apple avait estimé que l'utilisateur voudrait souvent accéder à l'appareillage interne de l'ordinateur). Heureusement toutefois, contrairement aux anciens Mac tout en un comme le Mac Plus ou le Mac SE, ouvrir le iMac n'est pas une mission impossible. Il n'y a pas besoin de se procurer un outillage de spécialiste et l'on peut éviter le genre de choc électrique réservé à ceux qui, malgré les conseils avisés des spécialistes médicaux, s'entêtent à prendre des bains avec des appareils électriques. Un oreiller, un couteau suisse (avec tournevis cruciforme), un peu de patience, voilà à peu près tout ce qu'il vous faut pour démonter votre iMac en moins de 15 minutes (au passage, c'est le même temps qu'Apple a estimé nécessaire pour que vous connectiez votre iMac à l'Internet).

D'accord, vous devez vous demander : " Mais si le iMac est sensé être un système tout en un, qu'est-ce qui pourrait bien me prendre de *vouloir* l'ouvrir ? " Bonne question. Et voici la bonne réponse : parce que vous avez peut-être une meilleure façon de dépenser votre temps et votre argent que de payer quelqu'un ou d'emmener votre iMac dans un service après-vente agréé Apple, pour faire installer de la mémoire RAM, VRAM ou un nouveau disque dur. Honnêtement, si vous savez reconnaître un tournevis d'un marteau et que vous n'avez pas la phobie du bricolage, vous pouvez démonter votre iMac et mieux encore le remonter, avec toutes les raisons de croire que l'engin ainsi rafistolé fonctionnera à nouveau lorsque vous appuierez sur l'interrupteur de marche.

Nous vous montrerons comment ouvrir votre iMac et le manipuler pour installer de la mémoire supplémentaire, de la VRAM ou un disque dur. Nous aborderons aussi les aspects plus sombres de l'affaire pour vous informer des opérations qui peuvent ou ne peuvent pas annuler votre garantie. En cours de route, nous vous soufflerons quelques mots pour vous aider à obtenir le meilleur de votre iMac grâce à certains programmes et nous ferons mention de quelques éléments à ajouter à votre iMac qui en feront une excellente machine de jeu.

Vous ne devez pas bricoler votre iMac à moins de vous en sentir réellement capable. Un accident est toujours possible. Evidemment, si vous suivez nos instructions, les chances pour que quelque chose cloche sont très faibles. Néanmoins, elles existent. Si cela vous inquiète, peut-être vaut-il mieux dépenser quelques sous et vous en remettre aux services de votre revendeur local.

Bien sûr, si vous êtes comme nous : au diable les torpilles, à fond les manettes ! Voyez la suite.

3.1. Voyage à l'intérieur du iMac

Un tour complet de votre iMac vous donnera peut-être la fausse impression qu'il est indémontable. A part l'ouverture latérale, il n'y a pas de points d'entrée apparents. Ah, mais ce que la valse autour de l'iMac ne révèle pas, c'est cette petite vis et cette petite poignée blanche qui ornent la partie arrière basse du iMac. Ces deux objets vous offrent un ticket d'entrée vers l'intérieur du iMac. Explorons cette brèche…

3.1.1. Démantibuler l'engin

Comme nous l'avons dit, vous n'aurez besoin que de 15 minutes et d'un couteau suisse pour démonter votre iMac.

Première étape : faire les bons débranchements

Il vous faudra manipuler pas mal votre iMac pour les opérations qui vont suivre, aussi vaut-il mieux débrancher tous les câbles externes. La première étape consiste donc à défaire tout ce qui actuellement branché au iMac. Avant de faire cela, assurez-vous toutefois que votre iMac est bien éteint, et pas simplement en mode veille. Bien sûr, une fois l'alimentation débranchée, il finira par s'éteindre, mais votre iMac vous obéira mieux par la suite si vous lui faites la faveur de l'éteindre de la manière appropriée.

Une fois le iMac éteint, débranchez l'alimentation, tous les connecteurs USB, les périphériques branchés aux ports entrée et sortie audio, le câble Ethernet, et la ligne téléphonique qui est connectée au port modem. En débranchant ces éléments, tirez toujours en tenant le connecteur lui-même plutôt que le câble. Des tensions répétées sur les câbles peuvent fragiliser les fils : ils pourraient provoquer des faux contacts ou bien ne plus marcher du tout.

Deuxième étape : mettre votre iMac à l'aise

Pour accéder à l'ouverture qui vous donnera accès au iMac, vous devez placez le iMac face à terre (l'écran contre le sol). Ce serait dommage de rayer la surface de l'écran : choisissez une surface appropriée et disposez un coussin ou un tissu puis placez-y le iMac en faisant reposer l'écran dessus. Rappelez-vous que le iMac a un contrepoids frontal. Quand vous le soulèverez, il penchera en avant. Souvenez-vous aussi que le iMac pèse près de 20 kilos. Si vous n'êtes pas à même de manipuler et de soulever un tel poids, faites-vous aider par un ami haltérophile, ça vaut mieux.

Troisième étape : défaire la vis

Maintenant que le iMac est renversé, tournez-le de façon à en voir l'arrière (la partie blanche). Vous remarquerez sur le dessus, juste à droite de l'endroit où vous branchez le câble du iMac, une poignée avec au milieu une vis à tête cruciforme. Pour enlever le couvercle du iMac, vous devez dévisser cette vis (voir Figure 3-1). Faites-le.

REMARQUE IMPORTANTE

Avant de défaire la vis, choisissez un endroit sûr et facile à retenir pour poser cette vis et les autres éléments que vous allez démonter du iMac. Il n'y a rien de plus énervant que de ne pas pouvoir remonter un appareil simplement parce que l'on a perdu une de ses pièces.

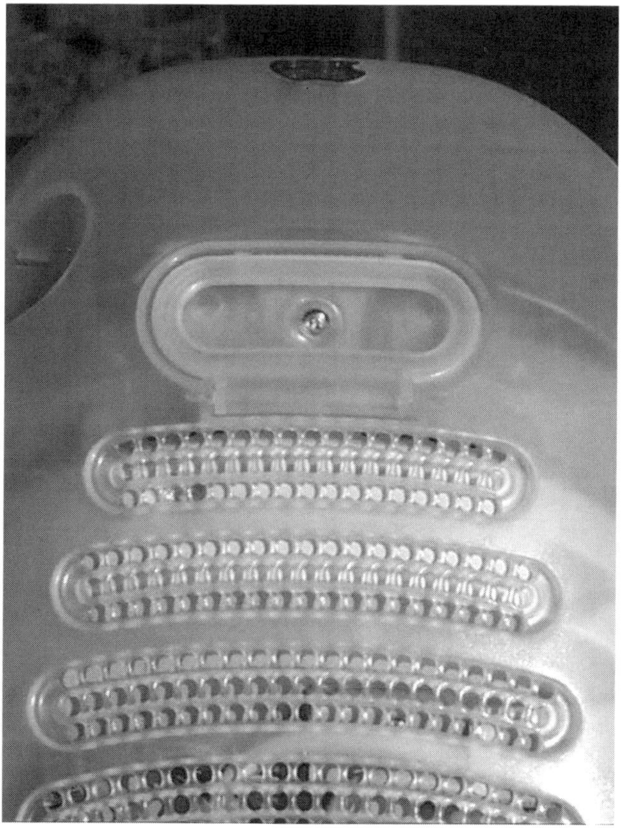

Figure 3.1- Vis du iMac – Première étape pour accéder à l'intérieur du iMac : défaire la vis.

Quatrième étape : retirer le couvercle

A présent, défaites la poignée en tirant doucement dessus (voir Figure 3-2). Le couvercle en plastique devrait se détacher de l'arrière du iMac. Comme le couvercle est maintenu en place par de petites attaches en plastique vous les entendrez cliqueter. Ne vous en inquiétez pas.

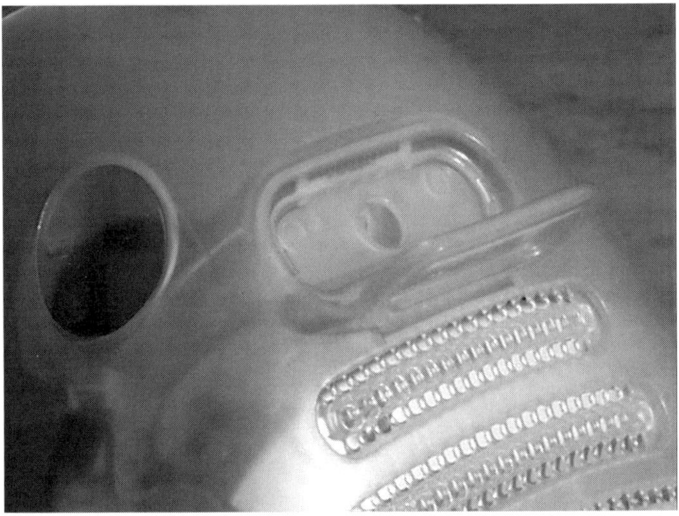

Figure 3.2- Poignée pratique – Tirez la poignée pour défaire le couvercle du iMac.

Cinquième étape : l'électricité statique

Vous êtes sur le point de toucher des composants électroniques : vous devez faire attention. Vous ne risquez pas de recevoir un choc électrique. C'est plutôt vous qui risquez d'électrocuter les circuits très fragiles de votre iMac. Une petite décharge d'électricité statique émanant de votre doigt, si elle est appliquée au mauvais endroit de la carte mère du iMac, peut suffire à endommager certains éléments et nécessiter une réparation coûteuse.

Si vous voulez être ultra prudent, utilisez un bracelet antistatique. Il s'agit d'un simple bracelet que vous attachez à votre poignet et que vous reliez à un objet qui peut se décharger comme une prise terre. L'électricité statique que vous avez accumulée se décharge par le fil du bracelet vers l'objet faisant office de prise terre. De cette manière, vous serez sûr de ne pas endommager des composants fragiles avec des charges statiques que vous aurez accumulées par exemple en frottant vos pieds sur une moquette épaisse. Vous pouvez trouver des bracelets antistatiques chez tous les bons revendeurs informatiques. Ceux qui sont faits avec du papier et une fine bande de métal ne devraient pas coûter beaucoup plus que dix ou vingt francs.

ASTUCE

Si vous ne pouvez pas utiliser un bracelet antistatique, touchez d'abord la boîte métallique de votre iMac. Cela permettra de décharger l'électricité statique sans affecter la carte mère. Après avoir touché la boîte, ne dansez pas la gigue sur la moquette ! Une fois que vous êtes déchargé, tâchez de le rester.

Sixième étape : débranchements internes

En observant la partie arrière ainsi dégagée du iMac, vous remarquerez deux grands blocs de fils multicolores et deux câbles gris attachés à la partie arrière de la carte mère et du lecteur de CD-ROM (voir Figure 3-3). Ceux-ci doivent être écartés afin de pouvoir sortir le bloc intérieur de l'iMac hors de la boîte. Nous vous recommandons de commencer par pousser le câble gris circulaire vers la droite puis d'utiliser le tournevis cruciforme pour dévisser les deux vis qui maintiennent l'autre câble gris un peu plus gros fixé à l'arrière du lecteur de CD-ROM.

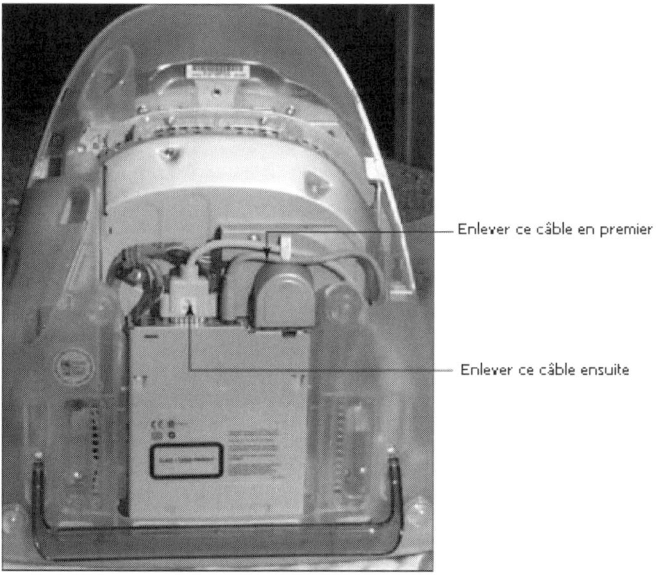

Figure 3.3- Défaire les câblages – Ces câbles doivent être détachés avant de pouvoir extraire l'intérieur du iMac.

Ensuite, détachez le gros câble multicolore du iMac en appuyant vers le bas sur la languette à l'intérieur de l'ouverture en métal et en tirant fermement sur le connecteur. A présent, tirez vers le haut le petit câble multicolore pour le débrancher.

Pour finir, vous devez défaire la petite vis qui maintient le câble multicolore plus petit (voir Figure 3-4). Déposez cette petite vis à l'endroit même où vous avez placé l'autre vis.

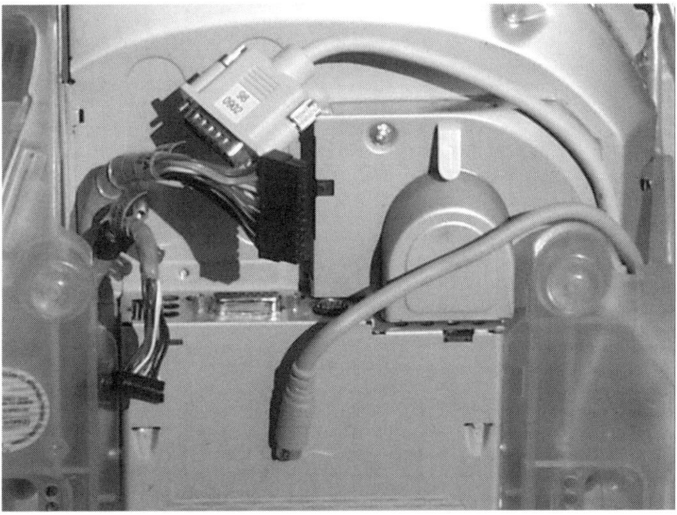

Figure 3.4- Adieu les câbles ! Voici à quoi ressemblera votre iMac quand les quatre câbles auront été débranchés.

Septième étape : retirer les vis à l'intérieur

Vous y êtes presque, mais pas tout à fait. Vous devez encore retirer deux vis. Vous les trouverez derrière une sorte de poignée en plastique transparent près du haut de la boîte (juste à côté de l'étiquette du numéro de série : voyez Figure 3-5). Dévissez ces deux vis et placez-les auprès des autres.

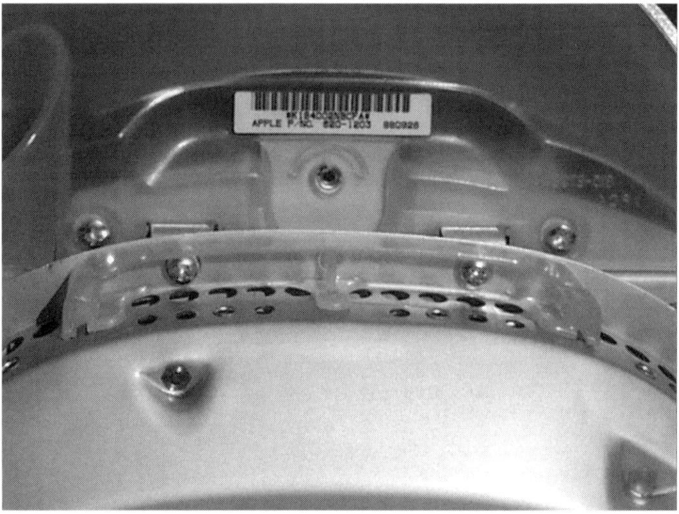

Figure 3.5- Encore deux — A présent dévissez les deux vis près de la poignée

Huitième étape : Extirpez-le

La carte mère est prête à être retirée. Dégagez les câbles et tirez la poignée (celle dont vous avez enlevé les vis à l'étape 6). Le bloc lecteur CD-ROM / carte mère doit s'extraire à présent (voir Figure 3-6).

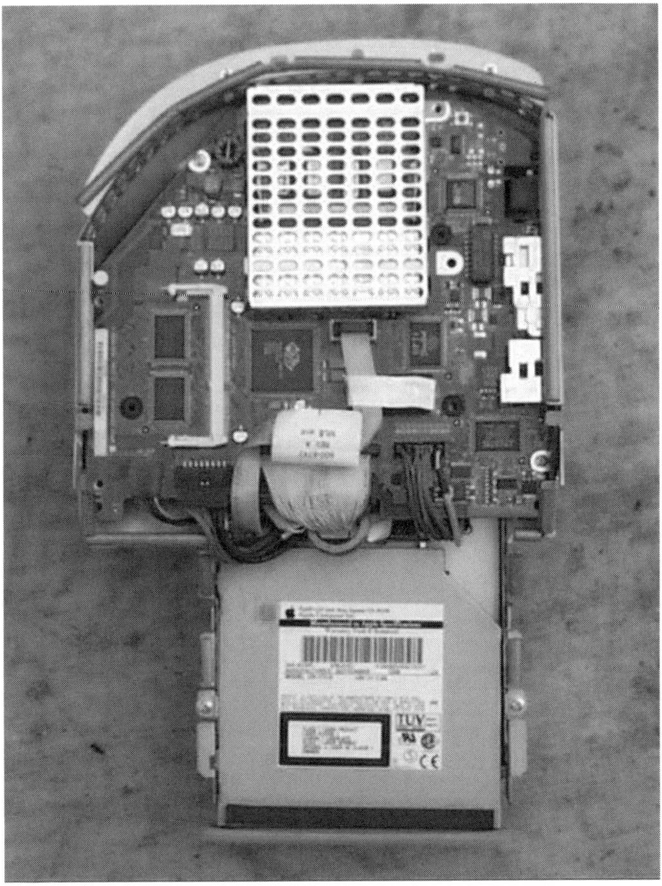

Figure 3.6- Nu comme un ver — Nous voici au cœur du problème : les entrailles de votre iMac.

3.1.2. Profiter de la situation

Maintenant que vous avez fait tous ces efforts pour démonter votre iMac, autant en profiter pour faire quelque chose. Voici les différentes étapes à suivre pour rajouter de la VRAM, de la RAM ou pour remplacer le disque dur.

Gonfler la VRAM

Comme vous l'avez lu plus haut, la capacité de votre mémoire vidéo VRAM détermine le nombre de couleurs disponibles pour les différentes résolutions d'affichage de votre iMac. Plus vous avez de VRAM, plus il y aura de couleurs disponibles à chaque résolution (une résolution peut être par exemple 1024*768 pixels par pouces). La VRAM est aussi très utile pour les jeux vidéos. Les versions accélérées des jeux comme Quake de chez MacSoft ne fonctionneront pas si n'avez pas au moins 6 Mo de VRAM. L'accélération décuple véritablement la vitesse des jeux : ceux qui jouent sur iMac apprécieront certainement de posséder une grosse capacité VRAM sur leur ordinateur.

Malheureusement, la première génération des iMac (Rev. A) a été livrée avec seulement 2 Mo de VRAM. Heureusement, il est facile de gonfler la VRAM sur ces appareils. Voici comment :

L'intérieur du iMac à proximité de vous et le lecteur de CD-ROM faisant face, trouvez le crochet plastique blanchâtre sur la partie gauche de la carte mère. Si vous tournez l'ensemble d'un quart de tour sur la droite, vous remarquerez que la partie à côté de ces crochets est appelée " SGRAM 50-DIMM ONLY ". C'est là que s'insère la VRAM. Les deux puces rectangulaires sur la gauche du crochet sont deux puces VRAM de 1 Mo chacune (voir Figure 3-7).

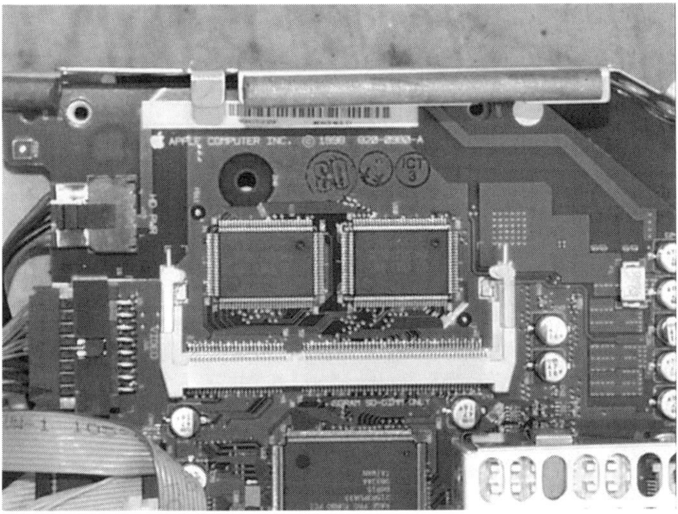

Figure 3.7- VRAM — Voici l'encoche où s'insèrent les puces VRAM.

Après avoir acheté et déballé une puce VRAM SGRAMM DIMM, placez-la de façon à ce que l'encoche dans le crochet s'aligne sur celle au fond du DIMM et pressez la puce dans l'emplacement (en l'introduisant avec un angle de 45 degrés) jusqu'à ce qu'elle se clique en place (voir Figure 3-8). A présent, poussez simplement sur le dessus de la puce jusqu'à ce qu'elle s'insère dans les crochets proéminents qui sortent pour la coincer.

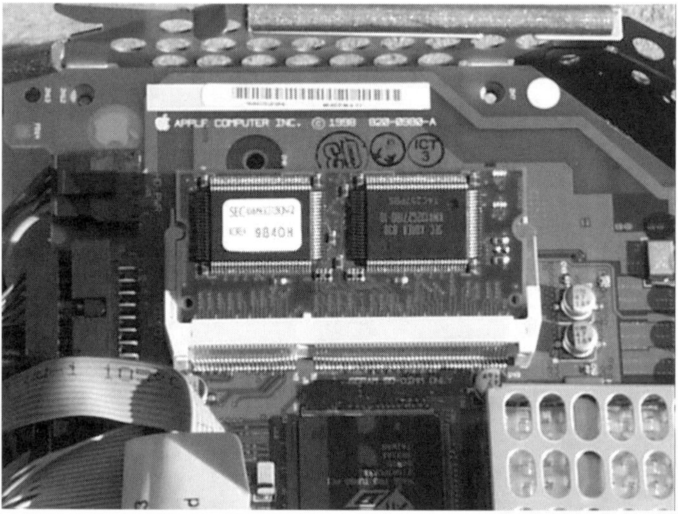

Figure 3.8- Tout baigne — la puce VRAM est en place

PLUS D'INFOS

Mieux vaut prévenir que guérir

Installer des puces, des cartes-circuit et des lecteurs dans un ordinateur est généralement assez simple, mais il vaut mieux prendre quelques précautions afin d'éviter d'abîmer votre iMac ou les composants que vous avez achetés.

1. Evitez de toucher les éléments plaqués or de votre iMac, d'un circuit intégré ou d'une

puce. L'huile naturelle de vos mains contient un acide qui peut détériorer ces contacts.

2. Les composants d'ordinateur sont souvent livrés dans des sacs antistatiques. Laissez-les dans ces sacs jusqu'au moment où vous installez le nouveau composant. Déchargez l'électricité statique que vous avez accumulée (touchez la boîte métallique du iMac, par exemple) avant de toucher l'un de ses composants ou la carte mère de votre iMac.

3. Il y a de nombreux petits éléments à bords tranchants à l'intérieur du iMac. Tâchez de ne pas agripper le bloc de la carte mère et du lecteur par l'un de ses éléments.

4. Ne débranchez jamais de câble ou de ruban en tirant sur le câble ou le ruban eux-mêmes. Attrapez toujours le connecteur et tirez doucement. Si le connecteur est coincé, assurez-vous qu'il n'y a pas une attache qui le maintient en place.

Gonfler la RAM

La configuration de base du iMac propose 32 Mo de RAM. Pour ceux d'entre nous qui ont connu de beaux jours sur un Mac SE avec 4 Mo de RAM, cela pourrait paraître une quantité de mémoire largement suffisante, mais de nos jours les jeux et les programmes dévorent de la RAM et vous n'aurez certainement rien de trop avec 32 Mo. Puisque la RAM est si bon marché aujourd'hui, cela peut valoir le coup d'ajouter 32 ou 64 Mo de plus à votre iMac si vous sentez qu'il patauge un peu. En plus, ajouter de la RAM a un iMac est aussi simple que de rajouter de la VRAM.

Figure 3.9- Sous le couvercle — Pour accéder aux emplacements de la RAM, vous devez retirer ce couvercle.

Pour ajouter de la RAM, détachez le grand couvercle en métal brillant qui abrite le processeur du iMac et la RAM. Etant donné que les bords du couvercle peuvent être très coupants, vous ferez bien de glisser un tournevis plat dans l'un des côtés et de soulever le couvercle délicatement. Vous devriez pouvoir le faire sans avoir à le plier (voir Figure 3-9, page précédente).

Sous le couvercle, vous verrez un crochet plastique blanchâtre, similaire à celui utilisé pour la VRAM. C'est là que vous devez loger votre puce RAM supplémentaire. Comme pour la puce VRAM dont nous avons parlé plus haut, vous devez simplement aligner l'encoche de la puce avec celle du crochet et presser en insérant la puce avec un angle de 45 degrés (voir Figure 3-10, page suivante). A nouveau, poussez sur le dessus de la puce jusqu'à ce qu'elle se fixe.

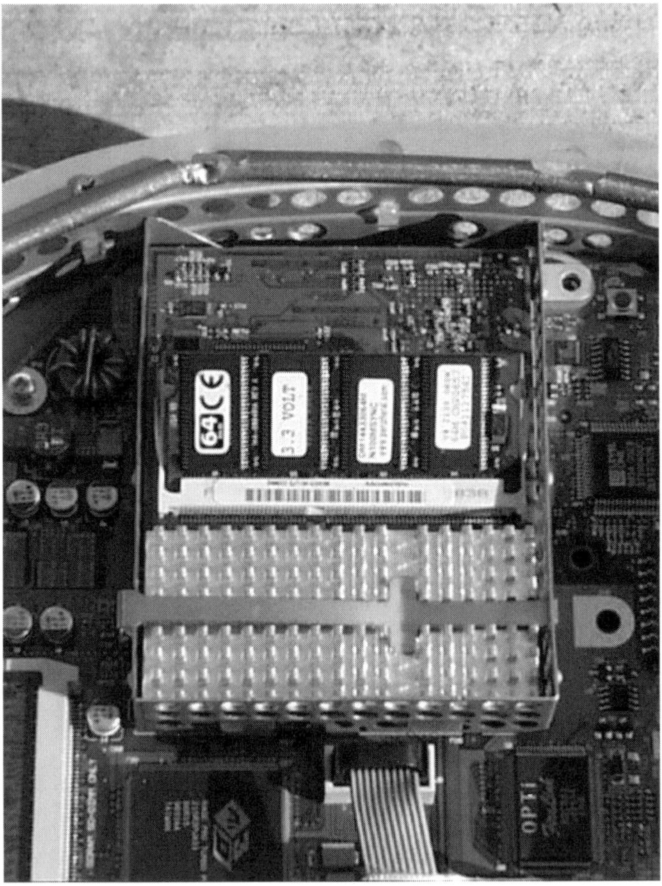

Figure 3.10- A fond les manettes ! — Cette puce RAM est prête à être enfoncée dans son emplacement.

Remplacer la pile de sauvegarde

Tous les Mac, le iMac compris, possèdent une pile de sauvegarde interne. Ces piles alimentent en courant une petite mémoire qui conserve la date et l'heure dans l'horloge interne de votre iMac ainsi que certains paramètres de réglages. Vous saurez que cette pile est à plat lorsque votre horloge perdra l'heure réglée à chaque démarrage.

La pile est abritée dans un compartiment rectangulaire de couleur noire sur la carte mère. Sur nos iMac, ce compartiment a été recouvert par une bande de scotch blanc. Pour enlever la pile, décollez la bande scotch. S'il y a un câble-ruban qui obstrue le dessus du compartiment, débranchez le câble et poussez-le sur le côté. A présent, attrapez la partie éloignée du compartiment et tirez. L'abri doit se détacher, vous permettant de retirer la pile.

Emmenez la pile chez un bon revendeur informatique ou dans un magasin de photo pour la changer.

Remplacer le disque dur

Le iMac est livré avec un disque dur d'une grande capacité : 4 Go sur les premiers modèles et 6 Go sur les modèles multicolores. Mais étant donné que les programmes du commerce et leurs fichiers annexes prennent chaque jour plus de mémoire sur les disques durs, il est possible que vous souhaitiez un jour remplacer votre disque par un autre plus puissant. Voici comment faire.

Si vous observez bien, vous verrez que le lecteur de CD-ROM n'est attaché par aucune vis. Il est maintenu en place par deux crochets sur le devant de l'appareil qui se glissent dans les trous de la cage qui contient à la fois le lecteur de CD-ROM et le disque dur. Pour détacher le lecteur de CD-ROM, poussez sur le devant du lecteur jusqu'à ce qu'il y ait assez d'espace entre les crochets et la cage pour soulever le lecteur par-dessus la cage (voir Figure 3-11). Cela fait, débranchez le câble-ruban à l'arrière du lecteur et mettez le lecteur CD-ROM de côté.

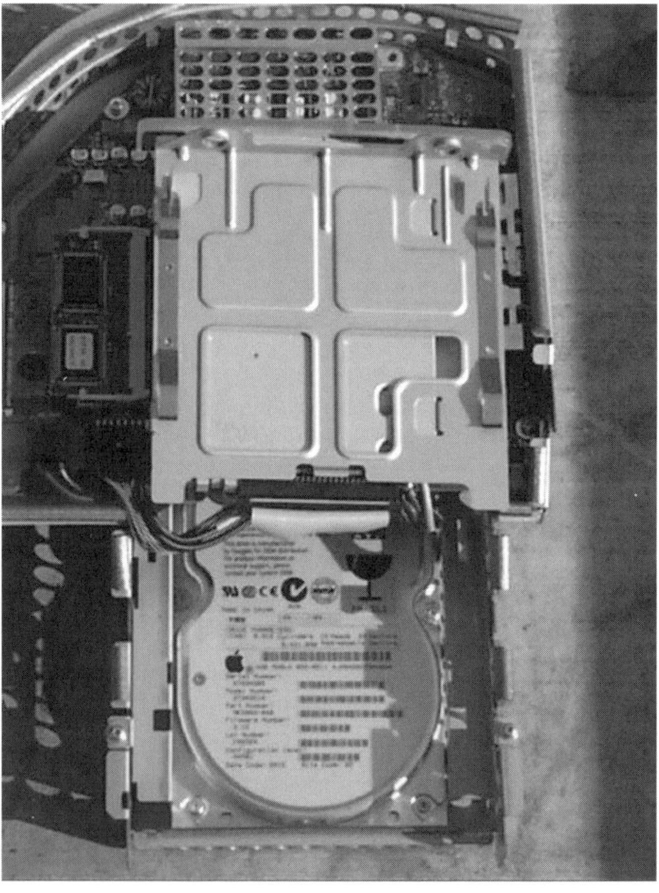

Figure 3.11- CD écarté – Une fois dégagé le lecteur de CD-ROM, vous pouvez atteindre le disque dur du iMac.

Une fois le CD-ROM écarté, vous verrez le disque dur à côté. Pour le déplacer, soulevez le clapet en métal par-dessus le lecteur et les deux vis cruciformes en haut de la cage (sur les côtés droit et gauche du disque dur). Ces deux vis fixent le boîtier du disque dur sur la cage. Tirez doucement le boîtier de la cage et débranchez le câble-ruban et le câble d'alimentation (voir Figure 3-12, page suivante). A présent, dévissez les vis du boîtier pour retirer l'ancien disque dur.

Remplacez l'ancien disque dur par le nouveau. Attention, assurez-vous qu'il s'agit d'un disque dur ATA et non SCSI. Rebranchez le câble-ruban et le câble d'alimentation, replacez le boîtier (avec le disque dur) dans la cage, vissez les deux vis sur le dessus de la cage, réinstallez le clapet sur le disque et replacez le lecteur CD-ROM en rattachant son câble-ruban et en enclenchant ses deux crochets frontaux.

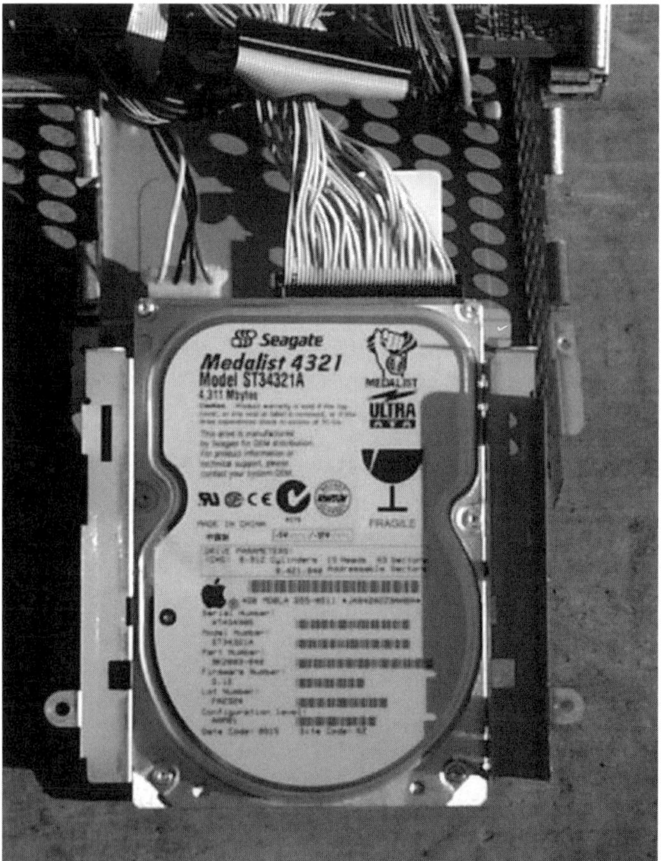

Figure 3.12- Accès facile — Votre disque dur est prêt à être retiré

3.1.3. Remontage

Avez-vous déjà remarqué que lorsque quelqu'un vous explique comment démonter une machine, il vous dit beaucoup plus rarement comment la remonter ? Dans la plupart des cas, vous aurez de la chance et il suffira de faire les opérations inverses de celles du démontage. C'est quasiment le cas pour le remontage du iMac aussi. Il y a toutefois quelques cas où vous pourriez rencontrer des problèmes, aussi allons-nous vous guider au fil des étapes du remontage.

Première étape : ultime vérification

Avant de réinsérer le bloc carte mère / disque dur, assurez-vous que tous les connecteurs et puces sont fermement emboîtés. Ce rituel de démontage - remontage est amusant, mais peut-être pas au point de le recommencer depuis le début simplement parce que vous avez mal emboîté un élément.

Deuxième étape : réinsérer les entrailles

Attrapez le bloc carte mère / disque dur par la poignée plastique et replacez-le à l'intérieur. Pour faire cela, vous devrez écarter les quatre câbles sur le côté (en vous assurant que les câbles sont écartés du bloc). Parfois un câble peut s'attraper dans le bloc et, manquant de rallonge, ne plus pouvoir atteindre son connecteur.

De chaque côté de la cage du disque, vous verrez une pointe métallique. La pointe doit glisser derrière les deux rails plastiques de la boîte du iMac. Assurez-vous que l'avant du lecteur de CD-ROM est à niveau avec celui du iMac. Le devant de ce lecteur peut être à peine décalé et les deux trous de vis du haut ne seront pas alignés.

Troisième étape : visser le tout

Maintenant que le bloc est en place, fixons-le en insérant les deux vis dans la poignée du dessus. Pour visser plus facilement, pivotez le iMac un peu vers l'avant.

Quatrième étape : rebrancher les câbles

Etant donné qu'il est difficile d'attraper le gros câble multicolore lorsque les câbles gris sont branchés, commencez par brancher les câbles multicolores. Revissez la vis qui maintient le petit câble multicolore. Replacez le gros câble (en vissant les boulons des vis) et enfin le petit câble gris. A propos, la flèche sur le petit câble gris doit être placée à peu près sur la position 1:00 du connecteur. Glissez les deux câbles gris sous le clapet qui doit les maintenir.

Cinquième étape : replacer le couvercle

La portion du couvercle qui recouvre le bloc possède une bordure plastique. Cette jointure doit s'insérer par-dessous celle de la boîte. Le reste du couvercle s'emboîte grâce à une série de clapets et de trous sur le couvercle et sur la boîte. Positionnez donc le couvercle sur la boîte et pressez au niveau de chaque clapet. S'ils sont alignés correctement, ces clapets doivent s'emboîter.

Sixième étape : un dernier tour de vis

Il doit vous rester une dernière vis. Glissez-la dans le trou sous la poignée du couvercle, vissez et repliez la poignée : il ne faut pas que le iMac repose de son poids sur la poignée.

Septième étape : rebrancher le iMac

Enfin, remettez votre iMac sur ses pieds de plastique transparent ; branchez l'alimentation, les câbles USB, Ethernet et modem ; appuyez sur l'interrupteur pour allumer votre iMac tout revigoré.

PLUS D'INFOS

Ne pas perdre la garantie

Il y a un certain temps, il suffisait d'approcher un tournevis à mois de 10 centimètres d'un Mac pour perdre sa garantie. Des manipulations aussi inoffensives qu'installer de la RAM ou remplacer soi-même un disque dur étaient des opérations qui faisaient perdre les droits à garantie.

Aujourd'hui, Apple a une politique plus permissive. Si vous voulez regonfler votre iMac en RAM, en VRAM ou remplacer le disque dur ou la pile de sauvegarde, Apple sera ravi de vous laisser faire. Evidemment, si pendant l'opération vous grillez la carte mère en renversant dessus une pleine tasse de café sucré ou si vous endommagez le iMac par négligence, Apple ne l'entendra pas d'une excellente oreille. Mais si vous avez suivi les étapes que nous avons indiquées plus haut et que vous n'avez pas commis de bourde, Apple ne vous pénalisera pas sur les droits de garantie sous prétexte que vous avez eu l'audace de vouloir régler le problème vous-même.

Malgré tout, certaines procédures annulent nécessairement la garantie. Si par exemple vous essayez d'accélérer votre iMac en bidouillant l'horloge interne du processeur, vous aurez clairement rompu les termes du contrat Apple. C'est encore le cas de l'emplacement pour interface mezzanine, sur les premiers iMac, pour lequel Apple est très susceptible. Apple indique à cet égard que cet emplacement est strictement réservé à l'usage interne d'Apple et pour souligner le fait, il n'existe plus sur les versions multicolores ultérieures. D'après nous, quel que soit l'appareil que vous tenterez de connecter à cet emplacement, Apple annulera votre garantie.

Comptez aussi que tout ce qui nécessite la réalisation d'une soudure métallique vous fera perdre vos droits de garantie. Il existe toute une série de bidouillages qui nécessitent de souder quelque chose à la carte mère du iMac. Nous ne conseillons de telles manipulations qu'à ceux qui sont vraiment véritablement sûrs de ce qu'ils font. Si vous décidez de jouer au docteur Frankenstein avec les composants internes de votre iMac, n'attendez pas autre chose du représentant agréé Apple à qui vous présenterez ensuite la machine, qu'un grand éclat de rire lorsque le mot « garantie » sera prononcé en discutant sur les frais de réparation.

Apple est plus souple pour les adaptateurs internes. Par exemple l'adaptateur iPort de Griffin Technology est un appareil qui s'installe à l'intérieur du iMac et offre l'ajout d'un port vidéo externe ainsi qu'une connexion série. Paul Griffin, dirigeant de la compagnie, nous assure qu'Apple n'annulera pas la garantie si le iPort est installé. Bien sûr une fois encore, si le iMac est endommagé pendant l'installation, vous vous retrouverez tout seul.

3.2. iMaximiser les performances de votre iMac

Faire de votre iMac une machine surpuissante requiert plus qu'un ou deux bidouillages matériels. Pour tirer le meilleur parti de votre iMac, vous devez gérer correctement les différentes opérations auxquelles il s'attèle. Voici 10 astuces pour travailler plus vite avec votre iMac :

3.2.1. N'accumulez pas les extensions et les tableaux de bord

Tous ces petits gadgets merveilleux que vous avez installés paraissent faire de votre iMac un ordinateur plus productif, et c'est peut-être le cas, mais vous payez le prix de cette surproductivité sur deux plans : la vitesse et la disponibilité de la mémoire RAM. Un grand nombre de ces extensions et tableaux de bord effectuent des opérations à l'arrière-plan qui distraient votre iMac de ses autres tâches et diminuent la vitesse de la machine. De plus, ces éléments couvrent une certaine portion de la mémoire de votre iMac : cette portion de mémoire n'est donc plus accessible aux besoins de vos programmes. En choisissant bien les éléments supplémentaires que vous installez, vous augmentez les chances que votre iMac profite des mêmes performances qu'il connaissait le jour où vous l'avez sorti des cartons.

3.2.2. Offrez de la mémoire à votre iMac

Les données qui transitent vers ou à partir du processeur principal de votre iMac, se déplacent beaucoup plus vite lorsqu'elles sont stockées sur la RAM que sur le disque dur. Pour cette raison, il est intéressant de stocker sur la RAM les informations auxquelles votre iMac accède sans cesse. Un bon moyen pour cela consiste à doter votre iMac d'un espace suffisant de mémoire cache, c'est-à-dire une zone réservée dans la mémoire de votre iMac pour stocker les fonctions système usuelles. Sous Mac OS 8.5, l'application système détermine la quantité de mémoire cache dont vous avez besoin (ainsi que la quantité de mémoire RAM que votre iMac est susceptible de réserver afin qu'il en reste assez pour vos applications) et configure le cache automatiquement. Si vous avez Mac OS 8.1, vous devez configurer le cache manuellement.

Aux anciens jours du royaume des Mac, la règle d'or était d'allouer 32 Ko de cache pour chaque Mo de mémoire installée sur votre Mac. Avec cette proportion, vous obteniez par exemple, sur un Mac de 8 Mo, 256 Ko de mémoire cache. Mais à présent que les Mac possèdent bien plus que 8 Mo de RAM, cette règle a changé. Il est un certain point à partir duquel l'augmentation de la mémoire cache ne justifie plus de mordre sur la quantité de RAM disponible. Bien que Mac OS 8.5 puisse parfois définir une mémoire cache de plusieurs Mo, nous n'avons pas trouvé de raison réellement convaincante pour justifier d'un cache de plus d'1 ou 2 Mo.

Sous Mac OS 8.5, vous changerez les paramètres du cache en procédant comme suit :

1. Ouvrez le tableau de bord Mémoire.

2. Cliquez sur le bouton Personnalisée dans la section Mémoire cache.

3. Cliquez sur Personnaliser dans la boîte de dialogue qui apparaît.

4. Utilisez les flèches du haut et du bas pour augmenter ou diminuer la taille du cache (voir Figure 3-13).

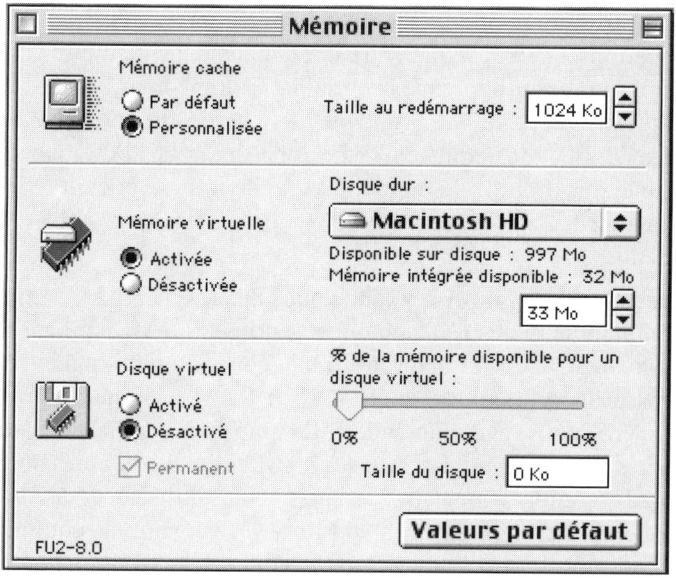

Figure 3.13- Mémoire cache — Utilisez les flèches dans la section Mémoire cache du tableau de bord Mémoire pour augmenter ou diminuer la taille du cache.

5. Vous devez redémarrer votre iMac pour que les réglages prennent effet.

Pour changer la taille mémoire sous Mac OS 8.1, les opérations sont les mêmes. Simplement, la taille de cache est toujours accessible : pas besoin de cliquer sur le bouton Personnalisée dans la section Mémoire Cache.

3.2.3. Préférez le réel : laissez tomber la mémoire virtuelle

La mémoire virtuelle tient du miracle. Elle vous permet d'utiliser une zone de votre disque dur comme si c'était de la RAM. C'est très commode lorsque vous voulez ouvrir plusieurs applications à la fois et que votre iMac manque de mémoire pour gérer tous ces programmes ensemble. Comme nous l'avons indiqué plus haut, le seul problème de ce dispositif, c'est que les données se transfèrent plus vite à partir de la RAM que du disque dur. Comme la mémoire virtuelle impose quelques trajets annexes en direction de votre disque dur, votre iMac est ralenti.

Par rapport au prix d'il y a quelques années, la RAM est très bon marché. Nous n'imaginons pas utiliser un Mac qui aurait moins de 64 Mo (et pour être franc, comme nous sommes de gros utilisateurs, toute configuration RAM à moins de trois numéros nous rend maussades). La plupart des utilisateurs seront satisfaits avec 64 Mo de RAM. Les accrocs des jeux lourds (comme Unreal, par exemple) et les utilisateurs de Photoshop préféreront passer à 96 Mo. Avec ce genre de configuration, vous pouvez vous dispenser du recours à la mémoire virtuelle ou du moins le restreindre fortement.

Mais pourquoi restreindre la mémoire virtuelle plutôt que de l'abandonner complètement ? Sur un Macintosh avec un processeur PowerPC (la puce G3 de votre iMac est un processeur de ce type) les programmes prennent moins de mémoire si la mémoire virtuelle est en fonction. Par exemple, AppleWorks requiert 2 Mo supplémentaires lorsque la mémoire virtuelle est déconnectée. Bien sûr, si vous avez des myriades de mégabits de RAM, ce genre d'économie n'aura pas la moindre importance pour vous ; mais si vous êtes un peu court en RAM, cela peut valoir le coup de garder la mémoire virtuelle.

3.2.4. Utilisez le Disque virtuel

Ok, c'est promis, nous ne vous répéterons plus que la RAM est plus rapide que votre disque dur. Nous vous dirons cependant qu'il y a un autre moyen de stocker vos données dans la RAM. Ce moyen s'appelle le Disque virtuel. C'est une zone de RAM qui a été réservée pour contenir des documents, des applications ou ce que vous voulez.

Pour créer un Disque virtuel, ouvrez le panneau de contrôle Mémoire. Au bas de la fenêtre, vous verrez le bouton Activé qui vous permet d'enclencher le Disque virtuel. Vous verrez également un coulissoir grâce auquel vous pouvez régler la taille du Disque virtuel. Cliquez simplement sur le bouton Activé et déplacez le coulissoir pour ajuster la taille du Disque virtuel. Après avoir redémarré le iMac, une icône de lecteur de disquette Disque virtuel apparaîtra sur le bureau. Vous pouvez utiliser ce disque virtuel exactement comme un disque dur classique. Copiez vos éléments dessus et utilisez-les comme vous le feriez normalement.

REMARQUE

A moins que vous ne cochiez la case Permanent dans le tableau de bord Mémoire, le disque virtuel (et tout ce qu'il contient) disparaît lorsque vous éteignez votre iMac.

Comme la RAM fonctionne plus rapidement qu'un disque dur, vous remarquerez que les programmes stockés sur le disque virtuel s'ouvrent plus rapidement que ceux stockés sur le disque dur. La sauvegarde des documents sur le disque virtuel doit également être plus rapide.

ASTUCE

Une utilisation maligne de votre disque virtuel consiste à paramétrer votre navigateur Internet pour qu'il sauvegarde ses fichiers cachés sur le disque virtuel. Lorsque vous revisitez un site, il sera chargé beaucoup plus rapidement qu'il ne l'était quand le fichier caché était enregistré sur votre disque dur.

3.2.5. Défragmenter votre disque dur

Votre iMac tâche d'être soigneux lorsqu'il stocke vos fichiers. Quand il était neuf, tous les fichiers et les dossiers étaient joliment alignés sur la surface du disque dur. Mais à force d'installer et d'effacer des éléments, les données finissent par se trouver détachées dans différents coins et recoins (quelques données par-ci, d'autres par-là). Au bout d'un temps, vos données sont éparpillées par monts et par vaux et l'opérateur qui doit les lire s'attèle à rechercher les informations à droite et à gauche. Tout cela prend du temps, le fonctionnement du disque dur est ralenti et les données sont restituées plus lentement qu'elles ne l'étaient auparavant. Un disque dur qui a atteint cet état d'enchevêtrement est dit être " fragmenté ".

Les utilitaires de défragmentation peuvent réaménager l'espace de votre disque dur en réunissant par groupes les morceaux des données éparpillées. Ainsi par exemple, votre index de recettes favorites ne sera plus tronçonné en dix fragments détachés. En utilisant un utilitaire de défragmentation, vous pouvez rassembler ce fichier en une séquence unique de données sur le disque dur. Les défragmenteurs peuvent également déplacer les fichiers auxquels vous accédez très rarement (voire jamais) dans des zones éloignées de votre disque dur, afin de garder à proximité les uns des autres les fichiers fréquemment utilisés, là où ils pourront être atteints rapidement par la tête de lecture du disque dur.

Bien qu'un utilitaire de défragmentation puisse aider à faire le ménage, n'attendez pas des miracles. A mois que le disque ne soit lamentablement fragmenté, vous ne constaterez pas une très grande différence.

3.2.6. N'accablez pas votre iMac de tâches inutiles

Votre iMac est un appareil serviable. Il est tout disposé à vous complaire en faisant tout un tas de choses pour vous : il fera tourner des utilitaires de diagnostic à l'arrière-plan, il mettra à jour les outils Internet, il jouera même des CD. Mais toutes ces petites tâches prennent du temps et de l'énergie ; du temps et de l'énergie qui aurait pu être employés à faire de votre iMac l'ordinateur le plus rapide qui soit. Si vous voulez tirer le meilleur parti du iMac, désactivez toutes les applications tournant à l'arrière-plan que vous pouvez désactiver. Faites par exemple tourner votre utilitaire de diagnostic ou votre antivirus juste avant d'éteindre l'ordinateur plutôt qu'en tâche de fond pendant que vous travaillez. Quand vous affichez des fenêtres sous forme de listes, n'activez pas l'option Taille des dossiers dans la fenêtre **Présentation de Préférences**. Et si vous n'avez pas besoin d'être connecté au réseau, ne vous connectez pas.

3.2.7. Utilisez les raccourcis clavier

La souris est un outil extrêmement pratique, mais une commande clavier placée au bon moment est souvent beaucoup plus rapide. Le Tableau 3-1 liste certaines commandes clavier usuelles que vous pouvez utiliser dans la plupart des applications (dont le Finder).

Tableau 3.1. Commandes Clavier Usuelles

Commande Clavier	**Action**
⌘-C	Copier
⌘-X	Couper
⌘-V	Coller
⌘-Z	Annuler
⌘-N	Nouveau Document (dans le Finder, Nouveau Dossier)
⌘-O	Ouvrir
⌘-W	Fermer la fenêtre
⌘-P	Imprimer
⌘-A	Tout sélectionner
⌘-F	Rechercher…
⌘-S	Enregistrer
⌘-Q	Quitter
Aide	Affiche l'aide en ligne ou l'aide du programme utilisé
Page haut (flèche barrée)	Déplacement une page au-dessus.
Page bas (flèche barrée)	Déplacement une page en dessous.
Home (trait – triangle)	Ramène au début d'un document.
Retour / Entrée	Sélectionne l'élément en surbrillance (les boutons “ OK ”, par exemple, sont souvent en surbrillance)
Esc	Sortez-moi de là ! Habituellement, correspond à cliquer sur le bouton Annuler des boîtes de dialogue.

3.2.8. Utilisez les raccourcis quand ils sont disponibles

Vous et votre iMac effectuez une série de tâches répétitives tous les jours. Par exemple, vous placez probablement assez fréquemment des éléments dans le dossier **Dossier menu Pomme**. Au lieu de vous embêter à ouvrir le disque dur, ouvrir le dossier Système et déplacer l'élément que vous souhaitez ajouter au dossier Dossier du menu Pomme, vous pouvez simplement cliquer sur l'élément à ajouter et sélectionner Ajouter un alias au menu Pomme à partir de Scripts pratiques dans le menu Pomme. De la même manière, préférez l'accès aux éléments grâce aux dossiers Applications récentes, Documents récents et Serveurs récents plutôt qu'aller les rechercher manuellement dans des dossiers éloignés.

Si vous cherchez vraiment à gagner du temps, utilisez les macros et les scripts d'AppleScript à chaque fois que c'est possible. ClarisWorks, par exemple, vous permet de définir une série de tâches automatiques grâce à ses macros. Même de simples scripts AppleScript peuvent vous faire gagner du temps. Si vous cherchez d'autres moyens d'automatiser des tâches sur votre iMac, considérez l'achat d'un utilitaire de macros tel que One Click de chez WestCode Software ou QuickKeys de CE Software (en espérant que chacun d'eux sera mis à jour pour fonctionner avec le système d'exploitation dont vous vous servez au moment où vous lisez ceci).

3.2.9. Laissez Sherlock s'occuper de tout

Si vous avez tendance à étaler vos documents partout sur le disque et que vous avez de la peine à vous souvenir où vous les avez placés, utilisez l'utilitaire Apple Rechercher (ou Sherlock, si vous avez Mac OS 8.5 ou une version ultérieure) pour rechercher vos documents. Sherlock peut s'avérer particulièrement efficace pour sa Recherche par contenu. Indexez votre disque dur (faites-le pendant la nuit, car cela peut prendre du temps) et si vous vous souvenez d'un mot ou d'une expression particulière qui figure dans votre document, Sherlock le retrouvera presque instantanément.

3.2.10. Ayez le doigt léger

Certes, le iMac est bien plus qu'une machine à écrire de luxe, mais il faut bien avouer qu'une grande partie de votre travail exigera de taper des mots sur un clavier. Si cela vous prend deux minutes pour saisir chacune de vos phrases avec la bonne vieille méthode à deux doigts, vous risquez de perdre beaucoup de temps. D'ici à ce que les logiciels de reconnaissance vocale soient parfaitement au point, la méthode du tapotage de clavier reste la seule façon raisonnable de communiquer vos pensées intimes à votre iMac. Si ces pensées viennent à être volumineuses, il serait peut-être bon d'améliorer votre vitesse de frappe.

3.3. Tirer le meilleur de vos jeux

Il peut paraître étrange de parler de jeux dans un chapitre consacré aux améliorations de performance de l'ordinateur. Pourtant, le fait est qu'aucun autre type de programme n'exige autant des performances de votre iMac que les jeux. Il est certain que les logiciels de DAO (Dessin Assisté par Ordinateur), de conception 3D ou les programmes de traitement d'images de haute définition fonctionneront mieux sur un Mac rapide, mais du moins ils consentiront toujours à fonctionner sur une machine plus lente. Dans le monde des jeux au contraire, si votre ordinateur ne répond pas aux configurations requises, il faut laisser tomber : le jeu serait injouable.

Par chance, les iMac sont gonflés à bloc. Livrés avec un processeur G3 à 233 ou 266 Mhz, ces petits bijoux peuvent encaisser à peu près tout ce qu'un jeu peut leur envoyer à la figure. Toutefois, aucun machine n'est parfaite et même les rapides iMac trouveront profit, grâce à quelques ajustements et ajouts qui en feront de meilleurs compagnons de jeu. Si vous voulez vraiment que votre iMac soit dans le coup, voici quelques suggestions.

3.3.1. Achetez des haut-parleurs externes

C'est sûr que ces petits haut-parleurs sur chaque côté du iMac sont mignons comme des cœurs, mais ils ne peuvent pas reproduire les effets spéciaux sonores que l'on trouve dans la plupart des jeux récents. Pour un grand jeu, il vous faut le grand son, et pour ça, il vous faut des haut-parleurs externes.

La plupart des haut-parleurs pour ordinateurs modernes sont livrés avec deux enceintes satellites à placer de chaque côté de votre iMac ainsi qu'un superbass ou boomer (un haut-parleur pour les sons graves) qui doit être placé quelque part sous votre bureau. La meilleure façon de choisir des haut-parleurs est d'en écouter toute une série, les uns après les autres, dans un environnement silencieux. Trouvez un magasin qui vous permet de le faire et apportez quelques-uns de vos jeux ou de vos CD de musique favoris. Testez les haut-parleurs à fort volume également, pour être sûr de savoir comment ils réagiront dans des conditions de jeu optimales. Les haut-parleurs d'ordinateur peuvent coûter de 300 F. à 3500 F. environ.

3.3.2. Acheter de la RAM ou de la VRAM supplémentaire

Si votre iMac possède 32 Mo de RAM et 2 Mo de VRAM, il faut en acheter en plus. Beaucoup plus. Des jeux comme Unreal de MacSoft demande 80 Mo de RAM réelle (vous pouvez effectivement le faire tourner à l'aide de la mémoire virtuelle, mais plus lentement) et la version accélérée du jeu ne fonctionnera pas du tout avec moins de 6 Mo de VRAM. Un iMac bien équipé pour les jeux compte environ 96 Mo de RAM et 6 Mo de VRAM.

Si vous possédez un modèle plus récent de iMac (un Rev.B ou un multicolore) vous aurez 6 Mo de VRAM et vous n'avez donc pas besoin de vous soucier de gonfler la mémoire graphique. Par contre, ces machines n'ont encore que 32 Mo de RAM : il faudra donc les regonfler pour pouvoir jouer aux derniers jeux à la mode.

3.3.3. Envisagez l'ajout d'un accélérateur 3D

Ces dernières années, le matériel a joué un rôle significatif dans l'utilisation des jeux d'ordinateurs, et tout particulièrement les puces d'accélération 3D, qui améliorent l'affichage et la rapidité du jeu. Ces puces ou cartes graphiques regonflent considérablement les capacités graphiques du processeur principal de l'ordinateur. Une fois installées, vous verrez que les textures sont affinées et les mouvements rendus plus fluides sur les jeux compatibles avec ces accélérateurs.

Les premiers iMac étaient livrés avec une puce matérielle d'accélération 3D nommée RAGE Iic de chez ATI (une puce tristement sous-puissante en regard des configurations requises par les jeux de la dernière génération). Pour les iMac Rev.B, Apple a remplacé cette puce par une autre plus robuste, la RAGE Pro de chez ATI. Les iMac multicolores en sont également dotés. Cela dit, bien que la RAGE Pro soit meilleure que la RAGE Iic, elle n'est pas aussi puissante par exemple que la Voodoo2 de 3Dfx.

Une société qui s'appelle MicroConversions propose un circuit intégré basé sur une Voodoo2 qui s'appelle le GameWizard. Cette carte s'insère dans l'emplacement mezzanine des premiers iMac et des Rev.B. Ce port n'est plus disponible sur les iMac multicolores. Si vous êtes un joueur confirmé et que vous possédez l'un de ces premiers iMac, le GameWizard peut être un bon choix (mais n'oubliez pas les risques sur la garantie dont nous avons parlé plus haut). Les jeux compatibles avec le standard 3Dfx sont vraiment étonnants sur un Mac doté de cette carte. Le GameWizard tourne aux alentours des 1200 F.

3.3.4. Achetez une manette de jeu

La souris et le clavier sont excellents pour travailler avec un traitement de texte, mais pour un jeu, il y a mieux. Si vous voulez les meilleures conditions de jeu, optez pour des manettes. Elles se présentent sous toutes sortes de formes, de tailles et de genres. Celles que vous achèterez dépendront du genre de jeux auquel vous aimez jouer et de votre style. Grâce à l'USB, les utilisateurs iMac auront un choix encore plus large pour le type de manettes qu'ils veulent utiliser. Comme USB est un standard couvrant à la fois les gammes d'ordinateur PC et Apple, vous pouvez choisir n'importe quelles manettes de jeux qui possèdent un pilote Mac.

Ces astuces vous permettront de décider quel genre de manettes vous correspond le mieux :

♦ Si vous aimez les simulateurs de vols, il vous faut un joystick. Vous n'aurez jamais les véritables sensations d'un bombardier ou d'un avion de combat dans World War II si vous utilisez le clavier et la souris. Si l'avion que vous pilotez possède un grand nombre d'options, assurez-vous de choisir un joystick avec un grand nombre de boutons assignables. Il sera beaucoup plus facile de piloter l'avion si vous pouvez atteindre la plupart des commandes à partir du joystick. Si vous êtes vraiment un accroc de la simulation de vol, vous pouvez aussi recourir à des manettes de gaz séparées et des pédaliers de gouvernail qui vous offriront un contrôle encore plus efficace.

♦ Les jeux d'arcades ou de tirs fonctionnent mieux avec des manettes du même genre que celles des consoles vidéo.

♦ Les trackballs (joystick avec une boule) sont bien adaptés pour les jeux d'arcades où vous devez déplacer très rapidement le curseur d'un côté de l'écran à l'autre.

♦ Pour l'instant, il n'y a presque pas de jeu de voitures pour le Mac, mais cela devrait changer dans le futur. Quand ce sera le cas, les joueurs confirmés devront certainement se tourner vers les kits qui proposent un volant et un pédalier avec frein et accélérateur. Il n'y a pas de meilleur moyen de jouer à NASCAR.

♦ L'un des inconvénients de la souris du iMac est que comme elle est ronde, vous ne savez pas précisément en la prenant où sont le haut et le bas de la souris. Les pros doivent être des tireurs de premières classe sur des jeux comme Quake ou Unreal, et vous voulez peut-être en devenir un. Dans ce cas, procurez-vous une souris dont la forme ne porte pas à confusion. MacAlly en propose dans les tons bleus et blancs des premiers iMac.

Si possible, testez votre manette avant de l'acheter. Peu importe le nombre de boutons, le volant ou les gadgets du joystick s'il s'avère que le manche n'est pas adapté à votre main ou s'il est si fragile qu'il cassera après deux rangées d'ennemis.

Renseignez-vous sur les logiciels qui sont livrés avec les manettes. Certains sont vraiment incroyables (par exemple, ils vous permettent d'assigner de nombreuses fonctions à chaque bouton), d'autres sont assez médiocres. Les logiciels doivent être faciles à configurer pour les nouveaux jeux sur le marché mais encore pour ceux qui ont été livrés avec leurs propres manettes ou qui sont programmés pour un certain type de manettes.

Partie 3

SOURCES D'INFOS

Chapitre 4

Les sites Web a consulter

Nous vous avons proposé dans ce livre des solutions pour la plupart des problèmes que vous risquez de rencontrer. Vous savez à présent comment démonter votre iMac pour y rajouter de la RAM ou de la VRAM, comment le débloquer lorsqu'il ne veut pas démarrer, comment diagnostiquer des conflits d'extensions. Toutefois, nous ne pouvons pas être sûr d'avoir répondu à chacun des dilemnes auxquels vous vous trouverez confronté.

Si vous buttez sur une panne incompréhensible ou que vous souhaitez apporter des améliorations à votre iMac et que nous n'avons pas répondu sur ce point, ce chapitre recense une série de sites Web qui devraient vous aider à trouver ce que vous cherchez. Certains proposent des informations au sujet des périphériques, d'autres vous donnent la possibilité d'accéder à des groupes de discussion où vous pourrez soumettre à l'examen les difficultés de votre problème, d'autres encore vous offrent la possibilité de télécharger des polices, des icônes ou des arrière-plans pour personnaliser votre iMac. Parfois même, un site vous proposera un lien vers un autre site qui répond mieux à vos attentes. Ici s'ouvre la caverne conduisant au trésors cachés de toutes les informations. Alors, à vos claviers, et bon voyage!

4.1. Personnaliser votre iMac

Un grand nombre de sites Web à travers le monde entier sont consacrés à l'amélioration de l'aspect esthétique de l'affichage de votre iMac. Vous trouverez toutes sortes de gadgets pour enjoliver votre bureau ou vos fenêtres: des icônes, qui transformeront vos sobres dossiers en exhubérantes oeuvres d'art, des polices alambiquées, qui égaieront vos lectures à l'écran, ou encore des arrière-plans psychédéliques qui vous feront tourner la tête. Dans chaque cas, vous le verrez, il y en a pout tous les goûts.

COOL ARCHIVE: DES ICÔNES À LA PELLE...

http://www.coolarchive.com/icons.cfm

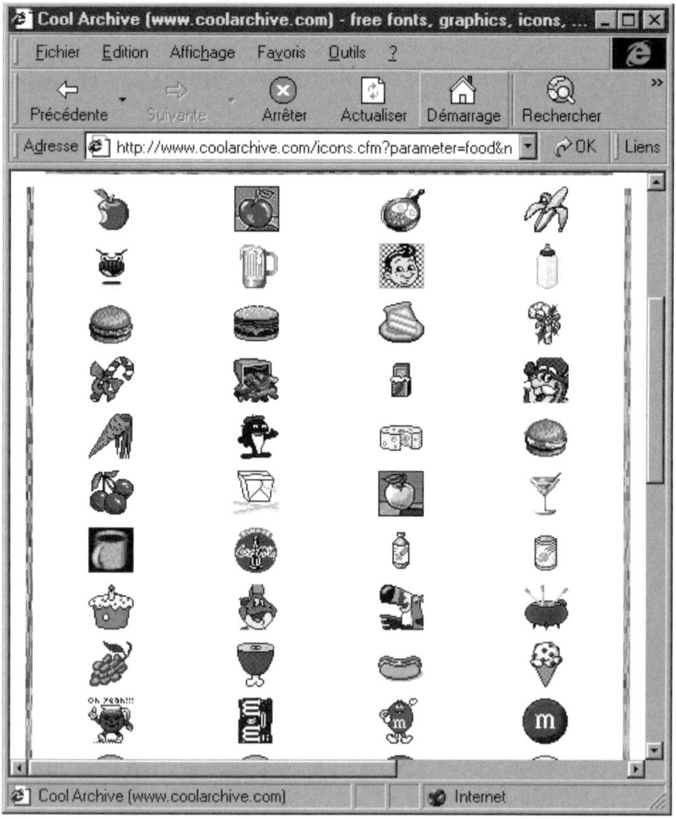

Un incroyable choix d'icônes. Ici, la série "alimentation"...

I-MUSEO: ICONES, DOSSIERS DÉCORÉS

http://www.ctktv.co.jp/~i-museo/icons/eicon2.htm

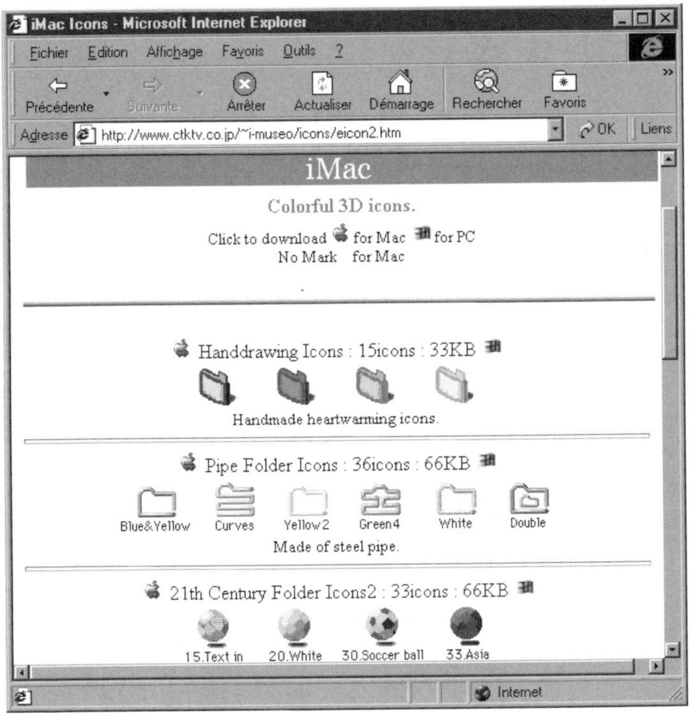

Voici l'aspect que pourraient prendre vos futures icônes de dossiers. La liste est longue, à vous de choisir!

I-MUSEO (SUITE)

http://www.ctktv.co.jp/~i-museo/icons/eicon4.htm

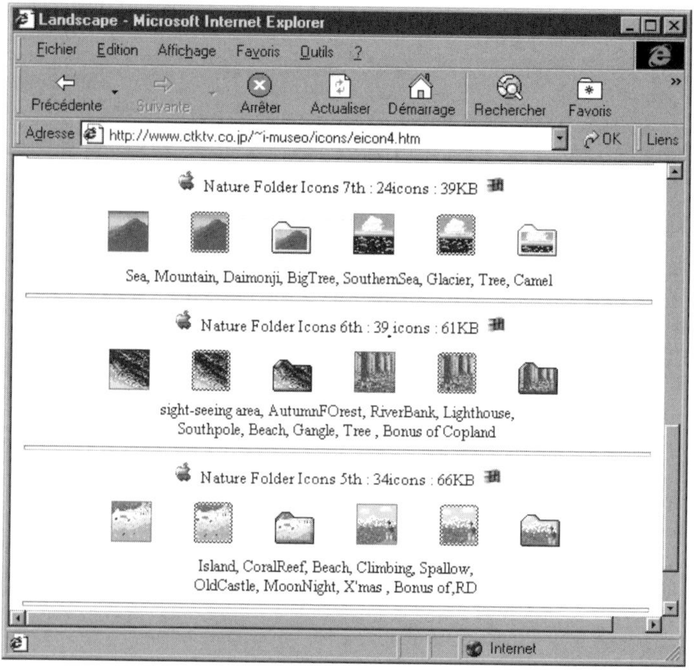

Toujours sur le même site. Que diriez-vous de dossiers qui ressemblent à des cartes postales? Un petit air de vacances, même en plein travail!

ANANKE: ICÔNES

http://ananke.worldonline.nl/~t145390/icons.htm

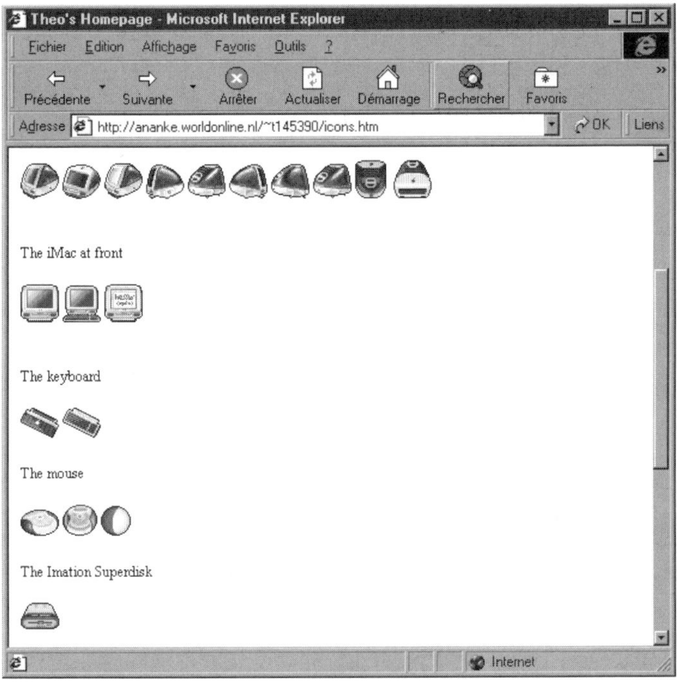

Des icônes personnalisées de tous les éléments du iMac. Un exemple parmi beaucoup d'autres à découvrir sur ce site.

HOLRON: SCHÈMES

http://www.holron.com/holron-sl/schemes.htm

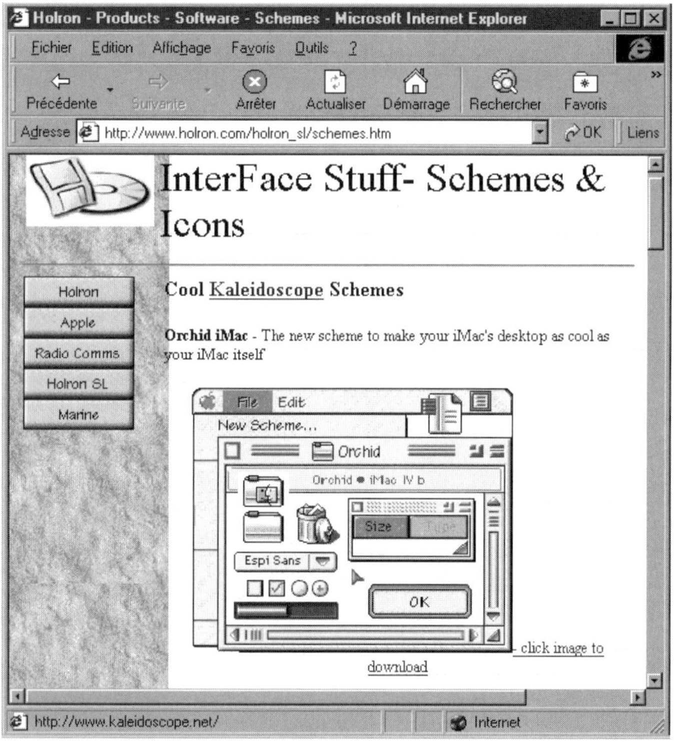

Ce site Web propose des "schèmes", c'est-à-dire des jeux complets de tous les éléments du bureau, revus et corrigés dans l'esprit d'un nouveau graphisme. Ici, le schème appelé "Orchid iMac": la corbeille, les boutons, les barres de défilement, les dossiers et les bords de fenêtres sont redessinés de manière originale. Un site qui vaut le détour!

VCNET: ICÔNES

http://www.vcnet.com/hide/download/itrash-j.html

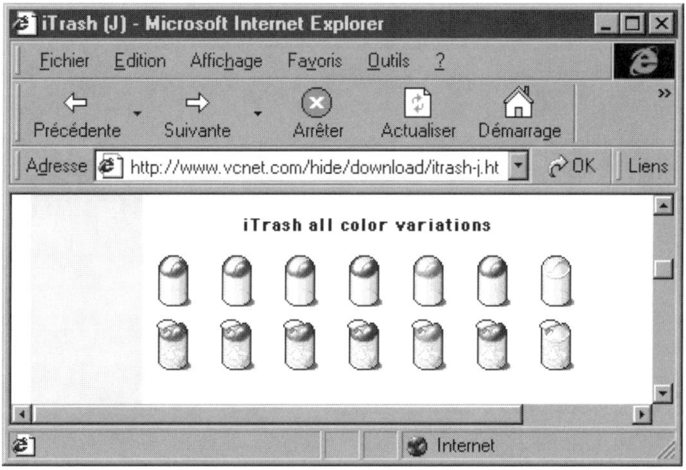

Voilà une corbeille dessinée dans le pur esprit du design iMac: choisissez la couleur en fonction de votre iMac!

DISTRICT: EXTENSIONS, PROGRAMMES

http://www.district-parthenay.fr/Parthenay/creparth/maudetx/aide.html#10

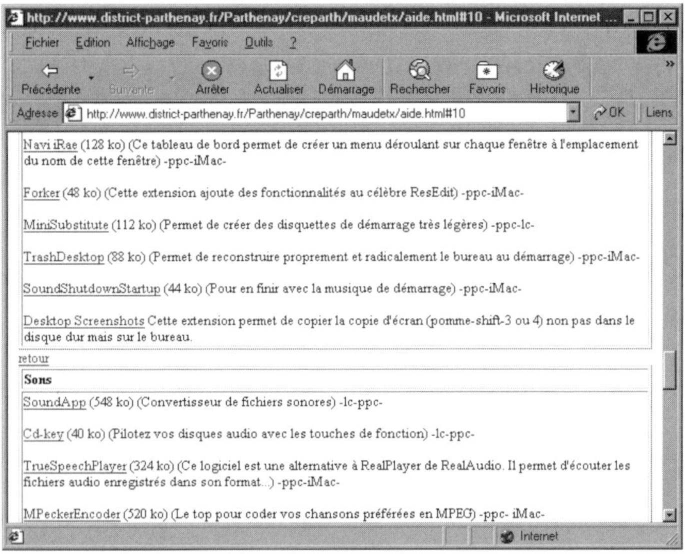

Ce site vous propose toute une série de petits programmes pour agrémenter les potentialités de votre machine.

VCNET: EXTENSIONS

http://www.vcnet.com/hide/download/soft.html

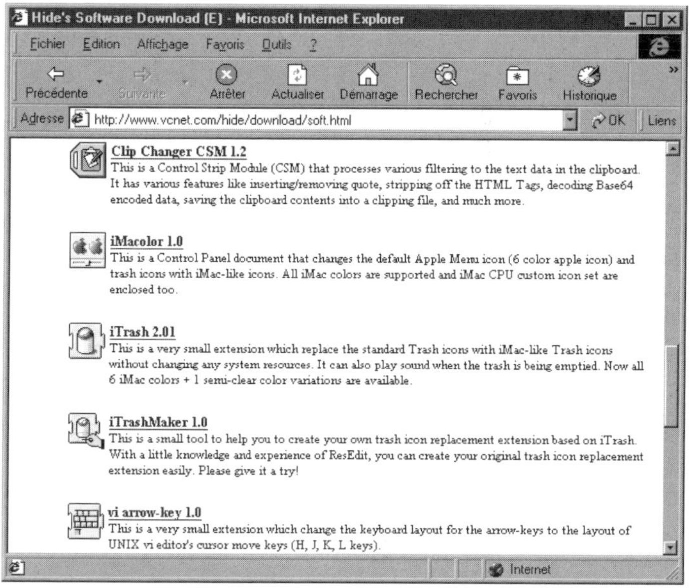

Toute une série de petites extensions à charger qui agrémenteront ou amélioreront les capacités de votre iMac.

SITE PERSONNEL : ASTUCES, BRICOLAGES

http://julien.neuschwander.net/imaccustom.html

Voici le site d'un passionné du iMac qui vous propose mille et une astuces. Il y a même des instructions de bidouillages électroniques comme ici, avec cette astuce pour que la souris du iMac s'allume, comme dans la Pub!

4.2. Infos, groupes de discussions, liens

Il existe des myriades de sites consacrés aux Macintosh. Cet engouement passionné pour la famille des ordinateurs de Steve Jobs est une aubaine pour vous: sur un grand nombre de sites, vous pourrez glaner des informations sur les nouveaux produits ou trouver des corrections apportées à certaines versions de programmes, accéder à des groupes de discussion, ou encore bénéficier de l'aide précieuse du support technique Apple ou d'un amateur passionné, bienveillant envers le nouveau venu que vous êtes peut-être dans le monde des Mac.

LA RAINETTE: LIENS

http://perso.wanadoo.fr/la.rainette.mac/

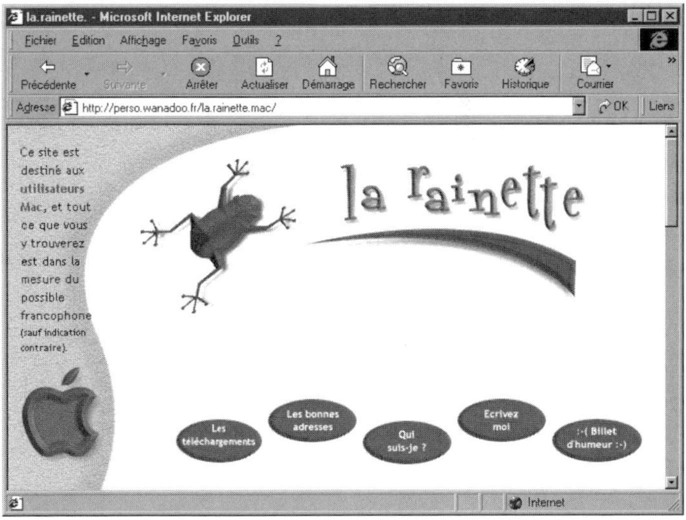

Une bonne plateforme pour vous conduire à différents sites consacrés aux ordinateurs Macintosh.

IMAX GALLERY: INFOS, FAQ, GROUPES DE DISCUSSION, PÉRIPHÉRIQUES, NEWS...

http://www.ilicon.com/for_portf/imax_gallery/imaxgallery.html

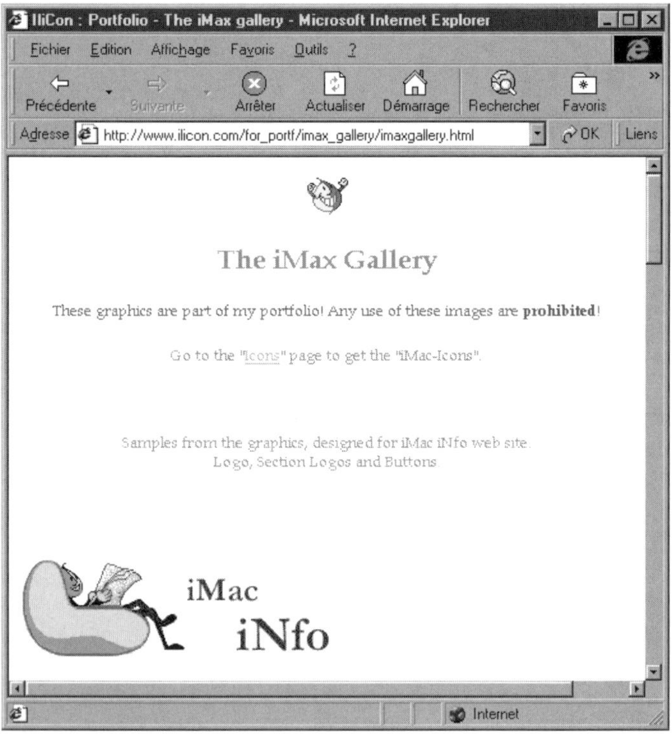

Des tas de possibilités sur ce site (en anglais). Vous pouvez accéder à des groupes de discussion consacrés au iMac, lire les infos sur les nouveautés du iMac, sur les périphériques et lire les réponses aux FAQ (Frequently Asked Questions ou "Questions fréquemment posées").

APPLE FRANCE: TOUR DE CONTRÔLE APPLE

http://www.apple.com/fr/imac/index.html

La page Apple.com réservée au iMac. Vous trouverez sur ce site un grand nombre d'informations sur l'environnement Macintosh. Des promotions sur les nouveaux produits, des mises à jours, des adresses et des liens.

SUPPORT IMAC: APPLE VOUS VIENT EN AIDE

http://www.info.apple.com/info.apple.com/support/
index.taf?product=imac&lang=f

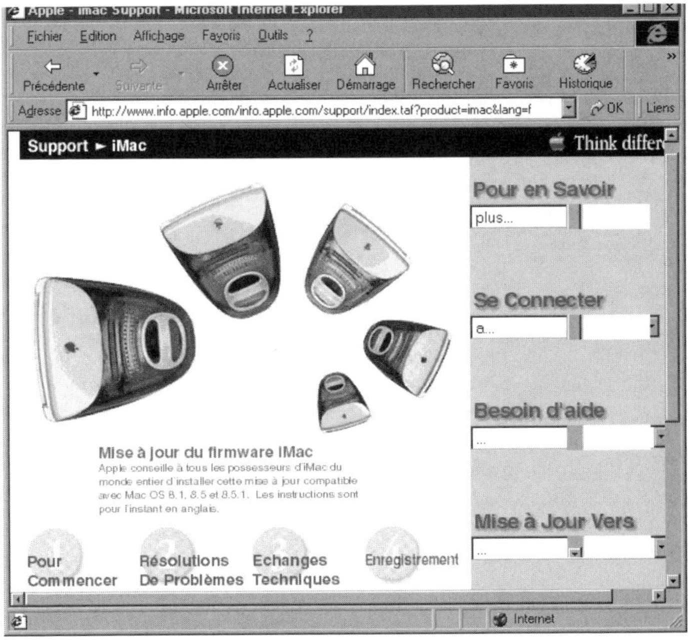

Le site officiel de Apple France vous propose une page pour répondre à tous vos soucis. Une aide bien précieuse en cas de problème.

FRANCOPHOLISTES: GROUPES DE DISCUSSIONS

http://www.cru.fr/listes/macos.html

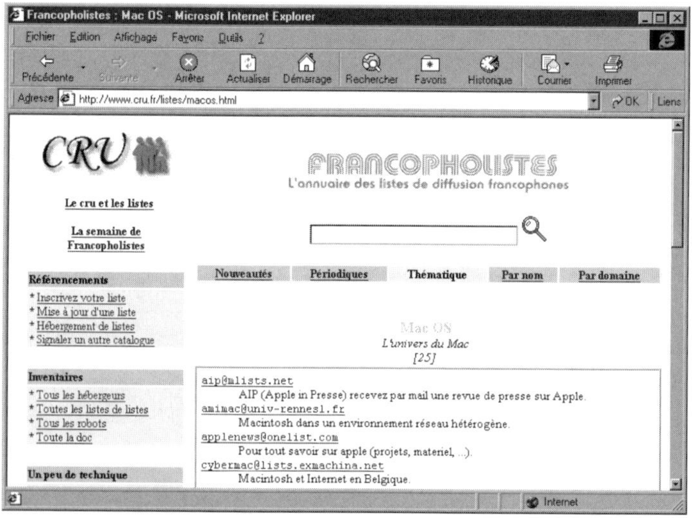

A la pelle! Voici un site qui recense tout un tas de groupes de discussion consacrés à diverses questions sur l'environnement Macintosh. Si avec ça vous ne trouvez pas de solution à vos problèmes...

AVAN'TI MAC: GROUPES DE DISCUSSION MAC

http://home.nordnet.fr/~athuru/mac/

Voici un site qui vous propose de vous abonner à un groupe de discussion en français consacrés aux Mac. De quoi trouver quelques partenaires de bon conseil...

LIBRAIRE ON LINE: RÉFÉRENCES DE LIVRES

http://www.librairieonline.com/

Ce site vous permet de retrouver des ouvrages spécialisés. Ici, après avoir tapé “iMac”, nous avons obtenu la référence du livre dont ce titre de poche est extrait.

MULTIMANIA: INFOS, DISCUSSIONS

http://www.mutlimania.com/freyssin/

Un site français consacré aux Mac sur lequel vous trouverez de nombreux liens et une orientation spécifique en fonction de ce que vous recherchez.

TERMES ET ABRÉVIATIONS

Bracelet antistatique — C'est un bitoniot en papier et métal (les versions professionnelles sont faites en matériel plus solide) que vous enroulez autour de votre poignet et attachez à un objet métallique afin que vous ne transfériez pas d'électricité statique de votre corps vers ce que vous touchez, comme la carte mère de votre iMac.

Conflict Catcher 8 — C'est le gestionnaire d'extension le plus avancé et le plus performant de chez Casady & Greene.

Corruption — Lorsqu'un fichier est endommagé d'une manière ou d'une autre (si certaines de ses données sont mélangées ou effacées), le fichier est dit “ corrompu ”. Les fichiers corrompus peuvent mettre une sacré pagaille dans votre iMac.

Crash — C'est ce qui se passe lorsqu'un programme refuse de fonctionner ou se termine d'une manière inattendue. Les crashes sont parfois accompagnés par l'apparition de boîtes de dialogue signalant l'erreur. Ces boîtes de dialogue contiennent des codes à la signification obscure tels que -127, et ne sont la plupart du temps d'absolument aucune utilité pour l'utilisateur.

Crasse — Toute accumulation désagréable de poussière, saleté, huile ou cochonnerie de ce genre.

Disque RAM — C'est un moyen pour mettre de côté une portion de RAM de façon à ce qu'elle fonctionne comme un disque dur. A la différence de la mémoire cache, c'est vous, plutôt que le Mac OS, qui décidez de ce qui doit être stocké sur le disque RAM.

Emplacement d'Interface PCI — Un emplacement d'interface PCI est un emplacement que l'on trouve sur les Power Mac G3 et qui permet d'ajouter des interfaces pour des captures vidéo ou des interfaces SCSI rapides. Votre iMac ne possède aucun de ces emplacements.

Emplacement Mezzanine — Sur les premiers iMac (Rev. A et Rev. B), Apple a intégré un emplacement pour carte d'extension à usage interne. Cet emplacement " mezzanine " n'était pas prévu à l'intention des développeurs autres que Apple. Apple dégage donc toute responsabilité et fait annuler la garantie dans le cas où l'on installerait une carte dans cet emplacement. L'emplacement a été retiré sur les iMac multicolores.

Gelé — Lorsque votre iMac ne répond plus à aucune action sur la souris ou le clavier (synonyme de bloqué).

Gestionnaire d'extensions — C'est l'utilitaire procuré par Apple pour activer et désactiver les extensions, les tableaux de bord, les éléments de démarrage et de fermeture.

iMac multicolores — Les iMac mis en vente en janvier 1999 sont disponibles en cinq couleurs de fruits : Myrtille, Raisin, Mandarine, Fraise et Citron vert. Ces iMac ne possèdent ni le port infrarouge IrDA ni l'emplacement mezzanine.

Initialiser — Pour que le disque dur du Mac puisse recevoir des données, le support magnétique de ses différentes faces doit être formaté en pistes et secteurs que Mac OS saura reconnaître. Ce processus s'appelle l'initialisation du disque.

Installation spéciale — Installe un tout nouveau dossier Système sur votre disque dur. (L'un de nos éditeurs nous a informé que les types de chez Apple ont pris l'habitude de désigner l'ancienne installation habituelle comme étant une installation " sale ").

Interface NuBus — C'est le précurseur de l'interface PCI. Cette interface plus lente peut être trouvée sur les premiers

Power Mac et sur un certain nombre d'autres systèmes Mac plus anciens.

Mémoire Cache — C'est une portion de mémoire RAM réservée par le système d'exploitation pour stocker des données qui sont fréquemment consultées. Pour en savoir plus sur les notions de RAM, VRAM et cache, voyez le Chapitre 2.

Mémoire virtuelle — C'est une partie du disque dur de votre iMac qui est utilisée comme de la RAM, pour des stockages à court terme.

NuBus — voir "Interface NuBus"

PRAM — Parameter RAM, à prononcer Pé-RAM. C'est la zone mémoire du iMac où sont rangés les paramètres de configuration.

RAM — Random Access Memory. Cc sont les puces sur les petits circuits intégrés qui stockent les programmes et les données systèmes. La RAM est un peu comme une mémoire à court terme. Quand votre ordinateur doit stocker des informations en mémoire pour être conservées à long terme, il les inscrit sur le disque dur.

Reconstruire le Bureau — C'est un processus qui consiste à recréer le fichier invisible qui garde trace des noms et des emplacements des fichiers que vous avez sur le disque dur de votre iMac.

VRAM — A prononcer vé-RAM. Cela correspond en anglais à Video Random Access Memory. Ce sont des puces mémoire qui sont utilisées pour la gestion d'écran de votre iMac. La capacité VRAM de votre iMac détermine le nombre de couleurs et la résolution de votre affichage. La VRAM permet aussi d'accélérer et / ou d'augmenter la précision graphique des jeux.

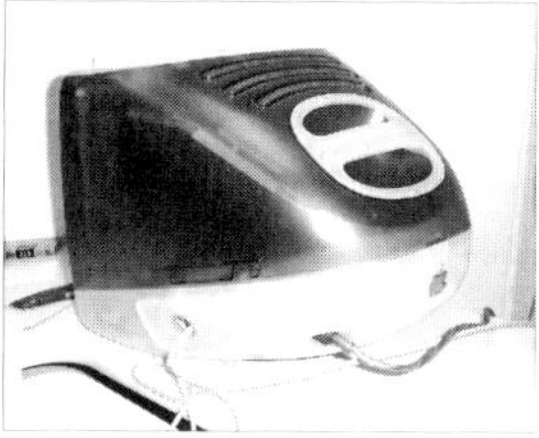

Mots-clefs

I

J

L

M

N

O

P

R

S

T

V

Achevé d'imprimer le 20 août 1999 sur les presses de l'imprimerie «La Source d'Or»
63200 Marsat - Dépôt légal : 3ème trimestre 1999 - Imprimeur n° 8154